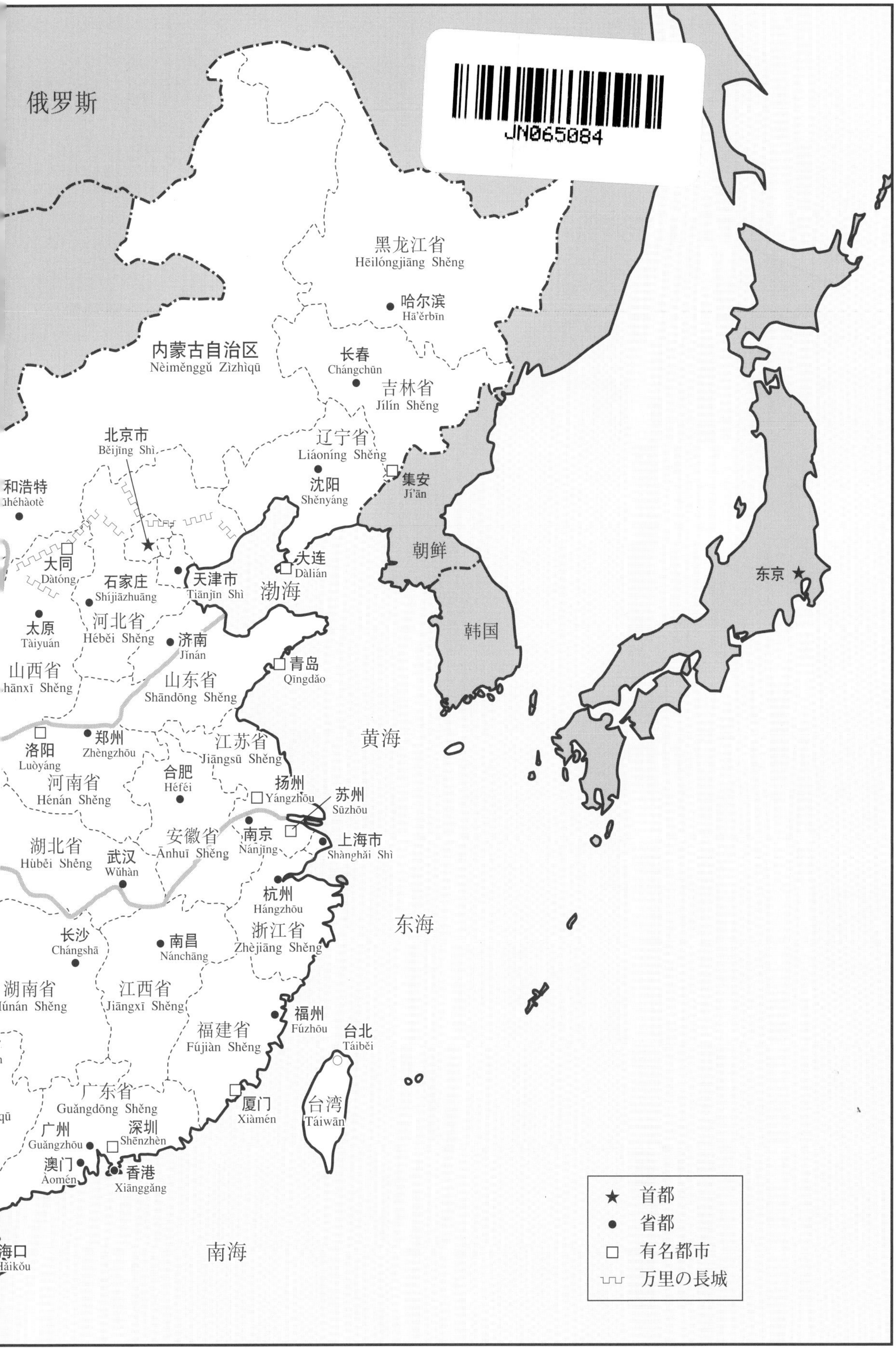
俄罗斯
黑龙江省
Hēilóngjiāng Shěng
哈尔滨
Hā'ěrbīn
内蒙古自治区
Nèiměnggǔ Zìzhìqū
长春
Chángchūn
吉林省
Jílín Shěng
辽宁省
Liáoníng Shěng
北京市
Běijīng Shì
沈阳
Shěnyáng
集安
Jí'ān
和浩特
ūhéhàotè
大同
Dàtóng
石家庄
Shíjiāzhuāng
天津市
Tiānjīn Shì
大连
Dàlián
渤海
朝鲜
东京
太原
Tàiyuán
河北省
Héběi Shěng
济南
Jǐnán
韩国
青岛
Qīngdǎo
山西省
hānxī Shěng
山东省
Shāndōng Shěng
洛阳
Luòyáng
郑州
Zhèngzhōu
江苏省
Jiāngsū Shěng
黄海
河南省
Hénán Shěng
合肥
Héféi
扬州
Yángzhōu
苏州
Sūzhōu
安徽省
Ānhuī Shěng
南京
Nánjīng
上海市
Shànghǎi Shì
湖北省
Húběi Shěng
武汉
Wǔhàn
杭州
Hángzhōu
东海
长沙
Chángshā
南昌
Nánchāng
浙江省
Zhèjiāng Shěng
湖南省
lúnán Shěng
江西省
Jiāngxī Shěng
福建省
Fújiàn Shěng
福州
Fúzhōu
台北
Táiběi
广东省
Guǎngdōng Shěng
厦门
Xiàmén
台湾
Táiwān
广州
Guǎngzhōu
深圳
Shēnzhèn
澳门
Àomén
香港
Xiānggǎng
qū
海口
Hǎikǒu
南海
首都
省都
有名都市
万里の長城

資格取得に役立つ中国語

[基礎から実用会話まで]

王 占華　著

駿河台出版社
SURUGADAI SHUPPANSHA

本書の音声は本文内の QR コードからストリーミング再生するか、
駿河台出版社ホームページから無料でダウンロードできます。
下記 URL を入力する、あるいは QR コードを読み込むか、弊社ホームページから「資格取得に役立つ中国語」を検索し、音声をダウンロードしてください。音声ファイルは圧縮されていますので、スマートフォンでご利用の場合は解凍ソフトをアプリストアよりダウンロードの上、ご使用ください。

https://www.e-surugadai.com/books/isbn978-4-411-03137-2

はじめに

長年中国語教育に従事し、初級・中級・通訳に関する中国語のテキストを10数冊ほど共著したが、長い間以下の諸問題に頭を悩ませている。本書はこれらの問題を解決しようとの試みで編集されたものである。

まずは、伝統的な「翻訳法（translation method）」と昨今流行っている「直接法 direct method」を如何に融合するかに力を注いだ。前者は学習者の母語を介した解釈式教授法で、説明が中心となり、学習者の能力養成にそれほど力を入れていないのに対して、後者は学習内容である外国語そのものを教育実施の道具として使用し、人工的な外国語環境の中での模倣をメイン「武器」とし、「大人の語学教育」とは認めにくい欠点もあるため、どちらも理想的な教授法とはいえない。本書は両者の長所を取り入れた「比較法」を採用した。会話と文法、表現の項目に関し「比較」の方式を取り入れ編集されている。「比較」は人間の主たる認知方法であり、外国語教育では教える側と学ぶ側の頭の中で積極的に行われるからである。

また、初級から中級への橋渡し役となるようなテキストにするため、文法項目と実用会話の選定にも力を入れた。本書は主に中国語検定試験の準４級、４級の語法項目と HSK 語法大綱の甲級文法項目も加え、「機能法（functional approach）」の原則に沿って日常生活における11の場面の会話に上述の文法項目を把握しやすい順番で学習できるよう工夫した。

そして、テキストだけを使用し、他のものは使用せずとも学習が完了するようなテキストになるよう工夫を凝らした。これまでのテキストは授業において、学習内容の「担体」だけとして使用され、テキストを使用する以外にも教師は板書をしなければならず、学習者はノートをとらなければならない。練習をしたり復習や宿題をする時でも、この三点を用いる学習者が多いであろう。まさに時間を無駄にする「少慢差費」であろう。本書はコロナ禍によるオンライン授業からヒントを得て、従来のテキスト・練習帳・メモ・ミニ辞典を一体化するように本文を A、B、C、D に分け、また「比較してみよう」「応用練習」「検定用練習」「復習確認のページ」などを通じて学習者の重点把握もしやすいようなものになるよう試みた。

最後に一言を添えなければならないが、本書は「基礎から実用会話まで」を謳っており、ゼロからの入門クラスにも１年習った中級クラスにも使用できるように配慮した。原稿の「試用本」は、これまで複数の大学の様々なレベルのクラスで使用した実践と経験により、教師は重点を少し調整するだけで、どのクラスにも効果的に使用できるようになっている。

新しいタイプのテキストとしてはまだ不備が多いかと思う。皆様からご指摘・ご叱正を戴ければ、幸甚である。本書の編集出版するにあたり、立命館アジア太平洋大学の河原畑希久講師、友人の津々見るみ子氏、駿河台出版社の井田洋二社長、中国語と各種のマルチメディアに通じている浅見忠仁氏に大変お世話になり、衷心より感謝の意を表する。

なお、今回の出版に際しては、2020（令和２）年度「松山大学教科書」の出版助成金を得ることができた。ここに御礼を申し上げる。

2021年（令和３年）３月　　王　占華

目　次

dì　kè
第1课　概　説：中国語と日本語：ここが似ている　ここが違う

1．表記（文字）

(1)　文字の種類

日本語	平仮名・片仮名・漢字
中国語	______・______・漢字

日本語	電子メール	インターネット	私はパソコンを使う。
中国語	电子邮件	因特网	我用电脑。

(2)　漢字の種類

繁体字	簡体字	日本語の漢字
腦	脑	脳
電	电	電
灣	湾	湾
用	用	用

2．音声構造

(1)　母音

日本語	あ　い　う　え　お
中国語	a　i　u　o　e　ü…

(2)　子音

日本語　「か」のk「さ」のs「た」のt「な」のn「は」のh「ま」のm…

中国語　k　s　t　n　h　m

…zh ch sh r

(3)　音節

①1母音

日本語　i→い：衣・医・意…

中国語　i→i：衣・医・意…

②母音+母音

日本語　u+a→わ：和・羽・輪…／i+a+o→よ：与・世・夜

中国語　u+a→ua：挖・娃・瓦…／i+a+o→iao：腰・摇・要

③母音＋n

日本語　a+n・i+n・u+n→あん・いん・うん：安・音・温…

中国語　a+n・i+n・u+n→an・in・un　：安・音・温…

④母音＋ng

日本語　a+ng(a+i)→あんがい：案外

中国語　a+ng→ang　：肮

⑤子音＋母音

日本語　t+a→た：田・他・多…／x+iao→しょ　：所・初・書

中国語　t+a→ta：他・塔・踏…／x+iao→／xiao：消・小・笑

日本語　k+an→かん：館・完・観…

中国語　k+an→kan：刊・看・勘…

⑷　アクセントと声調

日本語　雨，飴　橋，端，箸

中国語　mā má mǎ mà dìfāng dìfang
妈，麻，马，骂　地方，地方

⑸　音便

日本語　一番　統一　一切、一階　三階

中国語　yíqiè　yìqǐ　búduì　bùxíng
一切　一起　不对　不行

３．語彙

⑴　日本語＝中国語

日本語　天　地　人　日本、大学、紙、風

中国語　天　地　人　日本、大学、纸、风

⑵　日本語≠中国語

日本語　新聞　娘　手紙　サンドイッチ　机　怪我

中国語　报纸　女儿　信　三明治　桌子　受伤

⑶　日本語＝／≠中国語

日本語　最近(過去)　評価(＋)　意味(名詞)　家(建物／家庭)　花(桜／フラワー)

中国語　最近(過去／未来)　评价(〇)　意味(動詞)　家(家庭)　花(フラワー)

4．文法

(1) 助詞

①日本語にあり、中国語にない助詞

日本語	彼はパンを食べる。	象は鼻が長い。
中国語	他__吃__面包。	象__鼻子__长。

②日本語、中国語どちらにもある助詞

日本語	田中先生は大阪に住んでいる。	橋本さんは自動車工場で働いている。
中国語	田中先生在大阪住	桥本在汽车厂工作。
日本語	４月から９月までが一学期だ。	
中国語	从４月到９月是第一学期。	

(2) 語尾及び語尾の変化

①動詞

日本語	研究課題を研究する。	まずCDを聞き、それから先生の発音を聞く。
中国語	研究研究课题。	先听CD，再听老师的发音。
日本語	先週の土曜日銀座に行った。	先週の土曜日銀座に行かなかった。
中国語	上星期六去银座了。	上星期六没去银座__。

②形容詞

日本語	今日は寒い。	昨日は寒かった。	寒くなった。
中国語	今天冷。	昨天冷。	冷了。

(3) 語順

①日本語＝中国語

A．主語＋述語

彼は＋留学生です。　　紅葉が＋とても美しい。
他　＋是留学生。　　红叶　＋很　　美。

B．連体修飾語＋被修飾語

誰の　　＋車（ですか）。　　おいしい　　＋料理が（好きです）。
（是）谁的＋车？　　（喜欢）好吃的　　＋菜。

C．連用体修飾語＋被修飾語

はやく＋来てください。　　そんなに＋高くない。
快　　＋来。　　不那么　＋贵。

D．時間・場所＋動作

7時に＋起きる。

7点　＋起床。

図書館で＋ネットを見る。

在图书馆＋看因特网。

②日本語≠中国語

A．目的語＋動詞

電話をかける。

打电话。

レポートを書く。

写报告。

B．継続時間＋動作

7時間寝る。

睡七个小时。

三年間勉強した。

学了三年。

C．自然現象

雨が降る。

下雨。

風が吹く。

刮风。

D．不特定なもの

タクシーが前から一台やってきた。

前面来了一辆出租车。

何人の学生が教室にいる。

教室里有几个学生。

一休みコーナー

何の看板でしょうか。

　　Nǐhǎo　　Nǐmenhǎo
A：你好！（你们好！）

　　Nǐhǎo　　Nǐmenhǎo
B：你好！（你们好！）

　　Duìbuqǐ
A：对不起！

　　Méiguānxi
B：没关系。

　　Xièxiè
A：谢谢！

　　Búyòngxiè
B：不用谢！

　　Zàijiàn
A：再见！

　　Zàijiàn
B：再见！

Dì kè fāyīn

第2课　发音1　発音1

【発音総説】

日本語と中国語の音声教育では、「音節単位」による教育と「音素単位」による教育という大きな違いがある。日本語の五十音図の「ん」以外の仮名は、それぞれ1つの音節であり、「あいうえお」のような母音による音節を除けば、これらの音節はさらに「か← k＋a」「さ← s＋a」のように「子音＋母音」に分けることができる。k, s, a などは、それぞれ一つの「音素」である。

前述のように、日本語の1つの仮名は1音節から成り、仮名により漢字の読み方や語を構成している。つまり、仮名が漢字と語の構成における最小単位であるといえる。したがって、日本語の音声教育は「音節単位」即ち「仮名単位」での教育であり、学習者だけでなく教育者でも研究目的以外に「k, s」のような音素を単独で発音することはほとんどないだろう。

これに対し、中国語は1つの漢字が1音節であり、漢字と語の最小構成単位は音節ではなく、音節の構成要素である音素である。したがって、中国語の発音を学習するには、「k, s, a」の音素の読み方を身に付けなければならない。言い換えるならば、中国語の音声教育は「音素単位」の教育なのである。しかしながら、日本語が母語である中国語学習者は、「音節単位」の学習に慣れており、中国語の音素もまず音節単位にまで構成した後に語を発音する傾向がある。本書では、中国語の音素の発音の仕方を簡潔に説明した上で、できる限り音素を組み合わせ音節にし、日本語の音節と比較する練習を通じて、中国語の音声を身につけてもらう。

1．単母音

単母音は基本的な母音である。日本語の「ア、イ、ウ、エ、オ」５つの単母音に対して、現代中国語の共通語の単母音は下記の１０の母音からなる。

基本母音

a	o	e	i	u	ü
ア	ウォ	＿	イ	ウ	＿

（注：単独で音節になる場合、i を yi、u を wu、ü を yu と表記する。また子音の j、q、x と綴る際に ü 上の‥を省略し、u と表記する。）

特殊母音

ê（語気詞“诶”のみ使用）
エ

-i[ɿ]（単独では使用せず、子音 z、c、s の後に置かれ、zi、ci、si に構成する。）

-i[ʅ]（単独では使用せず、子音 zh、ch、sh、r の後に置かれ、zhi、chi、shi、ri を構成する。）

er（巻舌母音）

母音の発音は舌の位置の高低・前後、唇の丸め方と直接的な関係を持っている。上記の対照は「似ている」が、イコールではない。

2．子音

子音は音節最初の位置にある音素で、現代中国語の共通語の子音は22個あり、鼻母音を構成する「ng」を除いて、発音する際部位により６種類に分けられる。子音という音素は発音器官の動作によるもので、単独で発音してもはっきり聞こえる音が出ない。教育上ではそれぞれの子音の後に一つ母音を付けて、一緒に発音する。

子音(1)　唇音

b(o) ／ (a)	p(o) ／ (a)	m(o) ／ (a)	f(o) ／ (a)
b＋o → bo	b＋a → ba バ	p＋o → po	p＋a → pa パ
m＋o → mo	m＋a → ma マ	f＋o → fo	f＋a → fa フア

中国国内における母語話者に対する音声教育では「bo po mo fo」のような組合せで子音を教え、練習するが、日本語にはこれらに似ている音節がないため、「ba pa ma fa」の音を使って練習しても構わない。しかし、子音は最初の部分だけで、他の母音と組み合わせる時、後の「a」を取ってからしなければならないことを常に意識しなければならない。例えば、

b＋u → bu（読み方は「bau」ではなく、「b~~a~~u」である。即ち、「バ＋ウ」ではなく、「バ(ba)」の最初の「b」＋「ウ」→「b ウ」＝「ぶ」と読むべきである。）

有気音と無気音

「b」と「p」は「バ」と「パ」の最初の部分の子音と同様にどちらとも破裂音で、発音の要領は唇で呼気を一度止め、口内部に一杯息をためている状態で唇を開けてその閉鎖を破って発する音であるが、「p」を発音する際に「パ」のように口を開けるだけではなく、意識的に強く息を出す音である。これに対して、「b」を発音する時、強く息を出す必要がなく、「バ」と同様に口を開けるだけで音を出す。「p」のような子音は「有気音」といい、「b」のような子音は「無気音」という。「有気音」と「無気音」は対になっており、全部で６つあり、唇音と同様に後述の５組の子音の一番目の子音は「無気音」で、二番目の子音は「有気音」である。

【練習１】次の音節を発音してみよう。

１．ba pa ma fa　　２．bi pi mi ×fi　　３．bu pu mu fu

３．声調と軽声

中国語の音節には日本語のアクセントに似たような音節を読む時の「同じ高さで読む」「上げて読む」「曲線を書くように下げ上げをして読む」「下げて読む」ような「声調」がある。声調は「ピッチ＝高さ」の違いを利用して意味を区別するシステムである。現代中国語の共通語には四種類の声調があり、それぞれ「第一声」、「第二声」、「第三声」、「第四声」といい、合わせて「四声」ともいう。

四声以外に、「軽声」という読み方もある。軽声は「音強＝強さ＝発音する際の力入れ具合」の違いを利用して意味を区別する方法である。

例えば、

bā	bá	bǎ	bà	ba	mā	má	mǎ	mà	ma
八	拔	把	爸	吧	妈	麻	马	骂	吗
八	抜く	把握する	パパ	～しょう	ママ	麻	馬	罵る	～か

【練習２】次の語を発音してみよう。

１．

pā	pá	pǎ	pà
趴	爬		怕
腹這いになる	はう		恐がる

２．

fā	fá	fǎ	fà
发	罚	法	发
発する	処罰	法	髪の毛

３．

bī	bí	bǐ	bì
逼	鼻	笔	必
迫る	鼻	書くもの	必

４．

fū	fú	fǔ	fù
夫	福	府	父
夫	福	府	父

5.

pī	pí	bǔ	bù
批	皮	补	布
一口の口	革	補う	布

6.

bàba	māma
爸爸	妈妈
パパ	お母さん・ママ

一休み
コーナー

これは何でしょうか。

Nǐmenhǎo Xiànzàikāishǐshàngkè
你们好！ 现在开始上课。

Qǐngkàn yè dì kè
请看12页，第 2 课。

Qǐnggēnwǒdú
请跟我读。

Qǐngzàidúyībiàn
请再读一遍。

第3课（Dì kè） 发音2（fāyīn） 発音2

1．子音(2) 舌尖音

d(e) ／ (a)　　t(e) ／ (a)　　n(e) ／ (a)　　l(e) ／ (a)

【練習1】次の音節を発音してみよう。

1．	dā	dá	dǎ	dà
	搭	答	打	大
	架けわたす	答える	打つ	大きい

2．	tā	tá	tǎ	tà
	他		塔	拓
	彼		タワー	拓本を取る

3．	nā	ná	nǎ	nà
		拿	哪	那
		取る	ど～	そ・あ～

4．	lā	lá	lǎ	là
	拉			辣
	引っ張る			辛い

5．	dé	de	tè	ne	lè	le
	德	的	特	呢	乐	了
	徳	の	特		楽	

6．	dàdì	dìdi	dìtú	nǔlì	dútè
	大地	弟弟	地图	努力	独特
	大地	弟	地図	努力する	独特

2．子音(3) 舌根音

g(e) ／ (a)　　k(e) ／ (a)　　h(e) ／ (a)

【練習2】次の音節を発音してみよう。

1．	gā	gá	gǎ	gà
	咖			尬
	「カレー」の「カ」			

2．	kā	ká	kǎ	kà
			卡	
			カード	

3．	hā	há	hǎ	hà
			哈	

4．	gē	gè	kē	kě	kè	hē	hé
	歌	各	科	渴	课	喝	和
	歌	各	科	のどが渇く	課	飲む	と

5．	gēge	gūgu	gǔgē	kèkǔ	kělè	hégé	héfú	hútu
	哥哥	姑姑	谷歌	刻苦	可乐	合格	和服	糊涂
	兄	叔母	グーグル	苦労する	コーラ	合格する	和服	愚かだ

3．子音(4) 舌面音

j(i)　　q(i)　　x(i)

（注：j、q、x は母音の u と音節にならないので、書く手間を省くため、ü と綴る際に上の‥を省略し、u と書く。）

【練習３】次の音節を発音してみよう。

1．

jī	jí	jǐ	jì
鸡	级	几	记
ニワトリ	級	幾ら	覚える

2．

qī	qí	qǐ	qì
七	骑	起	气
七	またがる	起きる	気体

3．

xī	xí	xǐ	xì
西	习	洗	细
西	習	洗う	細い

4．

jījí	qīxī	qíjì	jīqì	jù(ǜ)tǐ	xǐjù(ǜ)
积极	七夕	奇迹	机器	具体	喜剧
積極	七夕	奇跡	機器	具体	喜劇

5．

jíhé	qítā	jìde	jìlù	xīfú	jìdù	jítā	qǐ'é	qīmò	xǔ(ǚ)kě
集合	其他	记得	记录	西服	嫉妒	吉他	企鹅	期末	许可
集合	その他	覚える	記録	スーツ	嫉妬	ギター	ペンギン	期末	許可

4．子音(5) 舌歯音

z(i) / (a)　　c(i) / (a)　　s(i) / (a)

【練習４】次の音節を発音してみよう。

1．

zā	zá	zǎ	zà
	杂		
	雑		

2．

cā	cá	cǎ	cà
擦			
拭く			

3．

sā	sá	sǎ	sà
		洒	
		撒く	

4．

zī	zǐ	zì	cí	cì	sī	sǐ	sì
资	子	字	词	次	丝	死	四
資	子	字	語	回	シルク	死	四

5．

zìjǐ	zǔhé	cāxǐ	cíkǎ	cìjī	cízǔ	sīlì	sījī	sìjì	sùdù
自己	组合	擦洗	磁卡	刺激	词组	私立	司机	四季	速度
自分	組み合わせる	こすってきれいにする	IC カード	刺激	連語	私立	運転手	四季	速度

5．子音(6) 巻舌音

zh(i) / (a)　　ch(i) / (a)　　sh(i) / (a)　　r(i) / (a)

【練習５】次の音節を発音してみよう。

1．

zhā	zhá	zhǎ	zhà
扎	炸	眨	炸
刺す	油で揚げる	目を瞬く	爆発する

2．

chā	chá	chǎ	chà
插	茶		差
挿入する	お茶		劣る

3．

shā	shá	shǎ	shà
杀	啥	傻	厦
殺す	何	バカ	大きな建物

4．

rā	rá	rǎ	rà

5．zhī　zhí　zhǐ　zhì　chī　chí　chǐ　chì　shī　shí　shǐ　shì　rì

zhī	zhí	zhǐ	zhì	chī	chí	chǐ	chì	shī	shí	shǐ	shì	rì
知	直	纸	制	吃	迟	齿	赤	师	石	使	是	日
知る	まっすぐ	紙	製	食べる	遅い	歯	赤	師	石	使う	です	日

6．

zhīshi	zhīchí	chìzì	qìchē	dìzhǐ	shìshí	rìjì	zhájī
知识	支持	赤字	汽车	地址	事实	日记	炸鸡
知識	支持する	赤字	自動車	住所	事実	日記	フライドチキン

6．複母音

母音と母音を組み合わせた音を複母音という。２つの母音の組み合わせた音を二重複母音といい、二重複母音は９つある。三つの母音の組み合わせは三重複母音といい、三重複母音は４つある。表記の方法は、日本語のローマ字の綴り方に似ており、区別しやすいように、i、u、ü で始まる複母音の前に子音のない時は下記のカッコの中のように表記する。また一部の三重母音の前に子音がある時、三重母音の中心に位置する母音は表記せず省略する。

(1) 二重複母音

ai	ao	ou	ei	ia	ie	ua	uo	üe
				(ya)	(ye)	(wa)	(wo)	(yue)
アイ	アオ	オウ		ヤ	イエ	ワ	ウオ	ユエ

【練習６】次の音節を発音してみよう。

1．

ài	ào	ōu	éi	iá	iě	uā	uǒ	üè
				(yá)	(yě)	(wā)	(wǒ)	(yuè)
爱	澳	欧	诶	牙	也	蛙	我	月
愛する	豪	欧	え	歯	も	蛙	私	月

2．

bāi	bái	bǎi	bài
掰	白	百	败
両手で割る	白い	百	敗

3．

māo	pǎo	dǎo	zhào
猫	跑	倒	照
猫	走る	倒れる	照らす

4．

dōu	fēi	jiā	xiē	huā	shuō	quē	yǎhǔ	yàzhōu
都	飞	家	些	花	说	缺	雅虎	亚洲
みな	飛ぶ	家	些か	花	話す	足りない	ヤフー	アジア

5．

báicài	qípáo	dòufu	fēijī	shǔjià	xièxie	shuōhuà	dàxué
白菜	旗袍	豆腐	飞机	暑假	谢谢	说话	大学
白菜	チャイナドレス	豆腐	飛行機	夏休み	ありがとう	話す	大学

(2) 三重複母音

uai	uei	iao	iou
(wai)	(wei)	(yao)	(you)
ウアイ	ウエイ	イオウ	イオウ

【練習７】次の音節を発音してみよう。

1．

wāi	wài	wěi	wèi	yāo	yào	yóu	yǒu	yòu
歪	外	伟	为	腰	要	邮	有	又
歪む	外	偉	ために	腰	要る	郵送する	有る	また

2．

kuài	huài	du(e)ì	gu(e)ì	jiāo	xiǎo	qi(o)ū	ji(o)ǔ	shǒu
快	坏	对	贵	教	小	秋	九	手
速い	壊れる	正しい	高い	教える	小さい	秋	九	手

3．

tèkuài	qíguài	kāihu(e)ì	shu(e)ìjiào	píji(o)ǔ	wēixiào	shǒujī
特快	奇怪	开会	睡觉	啤酒	微笑	手机
特急	不思議だ	会議を開く	寝る	ビール	スマイル	携帯電話

一休みコーナー

どういう意味ですか。

A：好久不见了！(Hǎojiǔbújiànle)

B：好久不见！(Hǎojiǔbújiàn)

A：今天天气真好！(Jīntiāntiānqìzhēnhǎo)

B：是啊，不冷不热，很舒服。(Shìa bùlěngbúrè hěnshūfu)

第4课 发音3 発音3
(Dì kè fāyīn)

1．鼻母音

⑴ 前鼻母音「～n」

an	ian	uan	üan	en	uen	in	ün
	(yan)	(wan)	(yuan)		(un)	(yin)	(yun)
アン	イエン	ウアン	ユアン	エン	ウエン	イン	ユン

【練習1】次の音節を発音してみよう。

1．

ān	iān	uān	üán	ēn	uēn	īn	ǖn
	(yān)	(wān)	(yuán)		(wēn)	(yīn)	(yūn)
安	烟	湾	元	恩	温	音	晕
安	煙	湾	元	恩	温	音	めまい

2．

Tiān'ānmén	Táiwān	rìyuán	rènzhēn	wénxué	fāyīn	báiyún
天安门	台湾	日元	认真	文学	发音	白云
天安門	台湾	日本円	真面目だ	文学	発音	白雲

(注：中国語の前鼻母音で終わる漢字は、日本語で音読みすると一般に「～ん」で終わる。)

⑵ 後鼻母音「～ng」

ang	iang	uang	eng	ueng	ing	ong	iong
	(yang)	(wang)		(weng)	(ying)		(yong)
	ヤン						

【練習2】次の語を発音してみよう。

1．

áng	yáng	wáng	wēng	yīng	yòng
昂	羊	王	翁	英	用
	羊	王	翁	英	用いる

2．

bāngmáng	xiǎngxiàng	guānguāng	míngtiān
帮忙	想象	观光	明天
手伝う	想像する	観光	明日

3．

Chángchéng	xióngmāo	huángjīnzhōu	Dōngjīng
长城	熊猫	黄金周	东京
万里の長城	パンダ	ゴールデンウィーク	東京

4．

fāngbiànmiàn	yīntèwǎng	shàngwǎng	yīngyòng
方便面	因特网	上网	应用
インスタントラーメン	インターネット	ネットを見る	応用する

(注：中国語の後鼻母音で終わる漢字は、日本語で音読みすると一般に長音の「～う」や「～い」で終わる。)

【練習３】前鼻母音と後鼻母音を比較しながら発音しなさい。

ān	āng	yán	yáng	wǎn	wǎng	fàn	fàng
安	肮	盐	羊	晚	往	饭	放
		塩	羊	遅い	へ	飯	放す
wēn	wēng	shén	shéng	zhěn	zhěng	mèn	mèng
温	嗡	神	绳	枕	整	闷	梦
温	ブーン	神	縄	枕	整	うっとうしい	夢
yīn	yīng	mín	míng	jǐn	jǐng	xìn	xìng
音	英	民	名	仅	井	信	姓
音	英	民	名前	僅か	井	手紙	苗字

２．音節の表記の規則

１）“w”の表記のルール

①単母音“u”だけで音節になり、前に子音が付かない場合は“u”の前に“w”を付ける。例えば、“ǔ”は“wǔ（五）”と表記する。

②“u”ではじまる音節に前に子音がない場合は“u”を“w”に変える。例えば、“uàn”は“wàn（万）、uǒ は wǒ（我）”と表記する。

２）“y”の表記のルール

①単母音“i”だけで音節になり、前に子音が付かない場合、また、１字目が“i”で２字目が子音の場合は、“i”の前に“y”を付ける。例えば、“ī”は“yī（衣）”、“īn”は“yīn（音）”と表記する。

②１字目“i”で、２字目が母音の場合は、“i”を“y”に変える。例えば、“iáng”は“yáng（羊）”と表記する。

③“ü”だけの単母音と“ü”で始まる母音の前には“y”を付け、“ü”のウムラウト（上の二つの点）は省略される。例えば、“ű”は“yú（鱼）、“üán”は“yuán（元）”と表記する。

３）その他

①子音“j”“q”“x”は“u”と音節を構成することがないので、“ü”が“j”“q”“x”の後にあるときは、ウムラウトは省略され、それぞれ“ju”“qu”“xu”と表記する。

②複母音“iou”“uei”“uen”の前に子音があれば、中間にある“o”“e”は省略される。例えば、“xiou”は“xiu”に、“guei”は“gui”に、“luen”は“lun”と表記する。

③隔音符号：「’」

二つの音節が続けて、二番目の音節の最初の音素は“a”“o”“e”である場合は、“xīān（西安）”と“xiān（先）”のように２音節と１音節の区別が付けにくくなるので、２音節の間に“Xī’ān（西安）”のように「’」を付ける。

3．音変

日本語の「一」は「いち」とも「いっ」とも読まれ、「分」は「ふん」とも「ぶん」とも「ぷん」とも読む。これと同様に、中国語にも発音の仕方が変化するものがある。

1）“一”の変調

①“一”は単独で用いられる場合やあるいは順序を表す場合は第一声で読む。例えば、“一、二、三”の“一”と“第一”の“一”は、いずれも“yī”と第一声で読む。

②“一”の後に第四声が続くと、“一”は第二声で読む。例えば、“一次（cì）”の“次”が第四声のため、“一”は“yí”と第二声で読む。

③“一”の後に第一声、第二声、第三声が続くと、“一”は第四声で読む。例えば、“一般（bān）”“一同（tóng）”“一起（qǐ）”の“一”は、いずれも“yì”と第四声で読む。

④“一”は二つの同音節の間にある時、軽声で読む。例えば、“等一等（děng yi děng）”

2）“不”の変調

①“不”の後に第四声が続くと、“不”は第二声で読む。例えば、“不去（búqù）”。

②“不”の後に第一声、第二声、第三声が続くと、“不”は第四声で読む。例えば、“不光（bùguāng）”“不行（bùxíng）”“不管（bùguǎn）”。

③“不”は二つの音節の間にある時、軽声で読む。例えば、“去不去（qùbuqù）”、“来不及（láibují）”。

3）第三声の変調

①第三声が連続すると、前の音節は第二声に変化する。例えば、“你好”は“níhǎo”になるが、表記は第三声のまま変わらない。

②第三声の後に第一声、第二声、第四声が続くと、第三声は低くおさえたままの「半上声」に変わる。例えば“北京（Běijīng）”“小王（XiǎoWáng）”“土地（tǔdì）”の“北”“小”“土”は、低くおさえたまま次の音節に移る。

4．声調符号の付け方

1）a ＞ o ＞ e ＞ i ＞ u ＞ ü

2）iu 或いは ui の場合は声調符号を後ろの母音に付ける。例えば、“休（xiū）、推（tuī）”。

一休みコーナー

どういう意味ですか。

dì kè Zì wǒ jièshào

第5课　自我介绍（自己紹介）

第5課で学ぶ表現	1．判断文：①AはBです。 A是B。 ②AはBではない。 A不是B。 2．自己紹介文：①私は「苗字」と言い、「フルネーム」と言う。 ~姓，~叫 3．疑問文：①AはBですか。 ~吗 ②~どのように＋~するか。 怎么~

A

Nǐhǎo! Wǒ shì Rìběnrén, wǒ xìng Shānshàng jiào Shānshàng Yōu. Nín guì xìng?
A：你好！我 是 日本人，我 姓 山上，叫 山上 优。您 贵 姓？
あなた 元気 私 です ～いう ～いう あなた 御 苗字

こんにちは。私は日本人です。山上と言います。山上優と言います。お名前は何と言いますか。

Wǒ xìng Lǐ, jiào Lǐ Xiǎodōng. Nǐ shì liúxuéshēng ma?
B：我 姓 李，叫 李 小冬。你 是 留学生 吗？
留学生 か

私は李と言います。李小冬と言います。あなたは留学生ですか。

Duì, wǒ shì liúxuéshēng.
A：对，我 是 留学生。
正しい

はい。私は留学生です。

Qǐngwèn, nǐ de míngzi zěnme xiě?
B：请问，你 的 名字 怎么 写？
おたずねします 名前 どのように 書く

すみませんが、お名前はどのように書きますか。

"Shān" shì Fùshìshān de "shān", "shàng" shì Shànghǎi de "shàng", "yōu" shì yōuxiù de "yōu".
A："山" 是 富士山 的 "山"，"上" 是 上海 的 "上"，"优" 是 优秀 的 "优"。
優秀

「山」は富士山の「山」、「上」は上海の「上」、優は「優秀」の優です。

Qǐng duō guānzhào.
请 多 关照。
どうぞ 多く 世話する

どうぞ、よろしくお願いします。

Wǒ yě qǐng nǐ duō zhǐjiào.
B：我 也 请 你 多 指教。
も 指導する

こちらこそ、よろしくお願いします。

比較してみよう

1．主語＋述語

我 是 日本人。　　您 贵 姓?　　我 叫 李 小冬。

私は日本人です。　（あなた）お名前は？　私は李小冬と言う。

2．動詞（是、姓、叫）＋目的語：目的語＋動詞

是 中国人　　姓 木下　　叫 木下 由美 (Yóuměi)

中国人です　　木下と言う　　木下由美と言う

3．動詞の否定　不＋動詞：動詞＋ない

不 是　　不 写　　不 去 (qù)（行く）

ではない　　書かない　　行かない

4．連体修飾語＋（的）被修飾語：連体修飾語＋の＋被修飾語

富士山 的“山”　　“明天 (míngtiān)” 的“明 (míng)”　　经济系 (Jīngjìxì) 的 学生 (xuésheng)

富士山の山　　「明日」の「明」　　経済学部の学生

5．疑問詞疑問文　疑問詞＋～？：疑問詞＋～か。

怎么 写?　　怎么 办 (bàn)?

どのように書く<u>か</u>。　　どうしよう。

B

[文を読み、日本語に訳しなさい]

Wǒ shì Zhōngguórén, xìng Lǐ, jiào Lǐ Xiǎodōng. Nín guì xìng?
A：你好！我 是 中国人， 我 姓 李，叫 李 小冬。您 贵 姓？

xìng Mùxià, jiào Mùxià Yóu měi. liúxuéshēng ma?
B：我 姓 木下，叫 木下由美。你 是 留学生 吗？

Duì, shì liúxuéshēng ne?
A：对，我 是 留学生。你 呢？
は？

bú shì Rìběnrén tā de péngyou tā yě
B：我 不 是 留学生，我 是 日本人。他 是 我 的 朋友，他 也 是 留学生。
友達 も

Hánguórén, jiào Lǐ Míng xià.
C：你好。我 是 韩国人，我 叫 李 明 夏。
韓国

Lǐ Míng xià? Qǐngwèn, nǐn de míngzi zěnme xiě?
A：李 明 夏？ 请问，您 的 名字 怎么 写？

"Lǐ" LǐXiǎodōng de "Lǐ", "míng" míngtiān de "míng", "xià" xiàtiān de "xià".
C："李" 是 李小冬 的 "李"，"明" 是明天 的 "明"，"夏" 是夏天 的 "夏"。
明日 夏

Zhè shì wǒ de Rìyǔ míngpiàn. Qǐng duō guānzhào.
这 是 我 的 日语 名片。请 多 关照。
これ 日本語 名刺

C

「中国語に訳してから読みなさい」

A：你好！ ＿＿＿＿＿＿＿＿， ＿＿＿＿＿＿＿＿。您 贵 姓？
今日は。私は日本人です。 ○○○○と言います。 お名前は何と言いますか。

B：＿＿。＿＿＿＿＿＿＿＿， ＿＿＿＿＿＿＿＿。＿＿＿＿＿＿＿＿？
今日は。私は李と言います。 名前は李明夏と言います。 あなたは留学生ですか。

Bù, wǒ bú shì liúxuéshēng
A：不， ＿＿＿＿＿＿＿＿。
いいえ、私は留学生ではありません。

B：＿＿＿＿＿。＿＿＿＿＿＿＿＿。 他＿＿＿＿＿， ＿＿也＿＿＿＿＿。
私は留学生です。韓国人です。 彼は私の友達で、 彼も李と言います。

C：＿＿！ ＿＿＿＿＿＿＿＿。 ＿＿＿＿＿＿＿＿。 ＿＿＿＿＿＿＿＿。
今日は。私は中国人です。 李小冬と言います。 私も留学生です。

A：＿＿＿＿＿＿＿＿？ 请问， ＿＿＿＿＿怎么 写？
リ ショウドウさんですね。すみません が、お名前はどういうふうに書きますか。

dà
C：“ ” “ ”， “小”是“大小”＿＿＿＿＿，“冬”＿＿＿＿＿＿。
「李」は「李明夏」の「李」で、「小」は「大小」の「小」で、 「冬」は「冬」の「冬」です。

Zhè Yīngyǔ.
这＿＿＿＿＿＿＿＿。 ＿＿＿＿＿＿＿＿。
これは私の英語の名刺です。 どうぞ、よろしくお願いします。

第5课 自我介绍（自己紹介）

D

[読みながら、ピンインを付けてみよう]

A：你好，我是中国人，我姓李，叫李小冬。您贵姓?

B：我姓木下，叫木下由美。你是留学生吗?

A：对，我是留学生。你呢?

B：我不是留学生，我是日本人。他是我的朋友，他也是留学生。

C：你好。我是韩国人，我叫李明夏。

A：李明夏? 请问，您的名字怎么写?

C：“李”是李小冬的“李”，“明”是明天的“明”，“夏”是夏天的“夏”。

这是我的日语名片。请多关照。

練習用補充語句

1．国名・地名等

Hánguó 韩国／韓国　Měiguó 美国／アメリカ　Yīngguó 英国／イギリス　Yìndù 印度／インド　Āijí 埃及／エジプト

Tàiguó 泰国／タイ　Déguó 德国／ドイツ　Àodàlìyà 澳大利亚／オーストラリア　Xīnjiāpō 新加坡／シンガポール

Fēilǜbīn 菲律宾／フィリピン　Xībānyá 西班牙／スペイン　Fǎguó 法国／フランス　Xīnxīlán 新西兰／ニュージーランド

Mǎláixīyà 马来西亚／マレーシア　Yuènán 越南／ベトナム　Bāxī 巴西／ブラジル　Éguó 俄国／ロシア　Táiwān 台湾／台湾

Xiānggǎng 香港／香港　Àomén 澳门／マカオ　Xiàwēiyí 夏威夷／ハワイ　Guāndǎo 关岛／グアム　Dōngjīng 东京　Dàbǎn 大阪　Jīngdū 京都

Jiǔzhōu 九州　Sìguó 四国

2．姓名等

Zuǒténg 佐藤／佐藤　Língmù 铃木／鈴木　Gāoqiáo 高桥／高橋　Tiánzhōg 田中／田中　Dùbiān 渡边／渡辺　Yīténg 伊藤／伊藤

Shānběn 山本／山本　Zhōngcūn 中村／中村　Xiǎolín 小林／小林　Zhāng 张／張　Wáng 王／王　Zhào 赵／趙　Liú 刘／劉　Zhōu 周／周

Chén 陈／陳　Yáng 杨／楊　Huáng 黄／黄　Wú 吴／呉　Sūn 孙／孫　Xú 徐／徐

3．身分・職務

dàxuésheng 大学生／大学生　zhíyuán 职员／会社員　gōngwùyuán 公务员／公務員　lǎoshī 老师／教師　shìwùyuán 事务员／事務員

kuàijì 会计／会計　jīnglǐ 经理／社長　kēzhǎng 科长／課長

4．代名詞

	単　　数				複　数
人称	wǒ 我／私、僕	nǐ 你／あなた、君 nín 您／（敬称としての）あなた。複数なし。	tā 他／彼	tā 她／彼女	men 単数＋们
もの	zhè · zhèige 这・这个／この・これ	nà · nèige 那・那个／その、それ・あの、あれ			
場所	zhèlǐ · zhèr 这里・这儿／ここ	nàlǐ · nàr 那里・那儿／そこ・あそこ			
疑問	shéi 谁／誰 jǐ · duōshao 几・多少／幾ら zěnmeyàng 怎么样／如何	shénme 什么／何 wèishénme 为什么／なぜ shénmeshíhou 什么时候／いつ	nǎ · něige 哪・哪个／どの・どれ zěnme 怎么／どのように	nǎlǐ · nǎr 哪里・哪儿／どこ	

5．～語

Rìyǔ 日语／日本語　Hànyǔ 汉语／中国語　Yīngyǔ 英语／英語　Fǎyǔ 法语／フランス語　Déyǔ 德语／ドイツ語

Éyǔ 俄语／ロシア語　Ālābóyǔ 阿拉伯语／アラビア語　Tàiyǔ 泰语／タイ語

練　　習

応用練習

1．中国語で自己紹介をしなさい。（国籍、名前、身分、フールネームの書き方）

2．中国語で留学生との会話を作成しなさい。（相手の身分・名前、自分の身分・名前、よろしくお願いします）

検定練習

1．(1)(2)の中国語の正しいピンイン表記を、①～④の中から１つ選びなさい。

【中国語検定試験準４級レベル問題】

(1)　姓　　①xìn　　②xīn　　③xìng　　④xīng

(2)　留学　　①liúxué　　②lióuxué　　③liúxié　　④luóxié

2．(1)(2)の日本語の意味になるように空欄を埋めるとき、最も適当なものを、①～④の中から１つ選びなさい。　【中国語検定試験準４級レベル問題】

(1)　彼女は福原友美と言います。

她（　　　）福原友美。

①姓　②是　③叫　④写

(2)　お名前はどのように書きますか。

你的名字（　　　）写?

①怎么　②什么　③哪儿　④多少

3．次の日本語の下線部を中国語に訳し、漢字（簡体字）で書きなさい。

【中国語検定試験準４級レベル問題】

(1)　<u>中国語</u>を勉強する。

(2)　<u>韓</u>国人

(3)　名前を<u>書く</u>。

(4)　<u>おたずねします</u>。

4．下の日本語の意味になるようにそれぞれ①～④を並べ替えたときに、［　　］内に入るものを選びなさい。　【中国語検定試験準４級レベル問題】

(1)　彼も留学生ですか。

他［　　］＿＿＿＿＿ ＿＿＿＿＿ ＿＿＿＿＿?

①是　②吗　③留学生　④也

(2)　これは私の中国語の名刺です。

这是 ＿＿＿＿＿［　　］＿＿＿＿＿ ＿＿＿＿＿。

①的　②名片　③汉语　④我

第５课 自我介绍（自己紹介）

復習確認のページ

下記の表を完成しなさい
(例のように空白に適当な語、語句を埋めなさい。中国語の場合はピンインも付けること。)

<table>
<tr><th></th><th colspan="3">日本語</th><th colspan="2">中国語</th></tr>
<tr><td rowspan="14">単語</td><td rowspan="4">人称代名詞</td><td>わたし。わたくし。ぼく</td><td rowspan="4">～達
～方
～ら</td><td>我 wǒ</td><td rowspan="4">们 men</td></tr>
<tr><td>あなた。きみ</td><td></td></tr>
<tr><td>彼</td><td></td></tr>
<tr><td>彼女</td><td></td></tr>
<tr><td colspan="3">です。だ。である。でございます</td><td colspan="2"></td></tr>
<tr><td colspan="3"></td><td colspan="2">姓</td></tr>
<tr><td colspan="3"></td><td colspan="2">叫</td></tr>
<tr><td colspan="3"></td><td colspan="2">这</td></tr>
<tr><td colspan="3">～も</td><td colspan="2"></td></tr>
<tr><td colspan="3">～の</td><td colspan="2"></td></tr>
<tr><td colspan="3">友達</td><td colspan="2"></td></tr>
<tr><td colspan="3">名刺</td><td colspan="2"></td></tr>
<tr><td colspan="3">中国・英・韓国・フランス・ドイツ・ロシア＋語</td><td colspan="2"></td></tr>
<tr><td colspan="3">どのように。どういうふうに</td><td colspan="2"></td></tr>
<tr><td rowspan="7">文型</td><td colspan="3">AはBです。AはBではない。AはBですか。</td><td colspan="2"></td></tr>
<tr><td colspan="3">私は田中と言います。</td><td colspan="2"></td></tr>
<tr><td colspan="3">私は田中一郎と言います。</td><td colspan="2"></td></tr>
<tr><td colspan="3">彼も留学生です。あなたは。</td><td colspan="2"></td></tr>
<tr><td colspan="3">私の友達。中国語の名刺</td><td colspan="2"></td></tr>
<tr><td colspan="3">「日本」の「本」です。</td><td colspan="2"></td></tr>
<tr><td colspan="3">どのように書くか。</td><td colspan="2"></td></tr>
<tr><td rowspan="3">表現</td><td colspan="3">今日は。初めまして。</td><td colspan="2"></td></tr>
<tr><td colspan="3">お名前は何と言いますか。</td><td colspan="2"></td></tr>
<tr><td colspan="3">どうぞ、よろしくお願いします。</td><td colspan="2"></td></tr>
</table>

Dì kè Zàifēijīshang jīchǎng

第6课 在飞机上・机场（機内・空港で）

第6課で学ぶ表現	1．授受関係文：①あなたは私に～くれる。 给 ②私はあなたに～あげる。 给 2．選択疑問文：①Aか、それともBか？ ～，还是～？ 3．存在表現 ：①物・人間＋場所＋ある・いる。 在 ②場所＋物・人間＋ある・いる。 有

A

Nínhǎo. Nín hē shénme yǐnliào?
A：您好。您 喝 什么 饮料？
こんにちは 飲む 何 飲み物
こんにちは。何をお飲みになりますか。

Qǐng gěi wǒ kāfēi.
B：请 给 我 咖啡。
どうぞ～下さい くれる・あげる コーヒー
コーヒー下さい。

Yào liáng de, háishi yào rè de?
A：要 凉 的，还是 要 热 的？
要る 冷たい の それとも あつい の
冷たいほうがいいですか。それともあついほうがいいですか。
（アイスコーヒー、ホットコーヒー、どちらを召し上がりますか。）

Yào rè de. Duìbuqǐ, qǐng gěi wǒ yì tiáo máotǎn.
B：要 热 的。对不起，请 给 我 一 条 毛毯。
すみません 枚 毛布
ホットをお願いします。すみませんが、毛布を下さい。

Qǐngwèn, wǔ'èrjiǔ hángbān de xíngli zài nǎr?
B：请问，529 航班 的 行李 在 哪儿？
便 荷物 ある・いる どこ
すみませんが、529便の荷物はどこで受け取りますか。

Zài sān hào zhuànpán. A, duìbuqǐ, bú zài sān hào, zài sì hào.
C：在 3 号 转盘。 啊，对不起，不 在 3 号，在 4 号。
番 荷物テーブル アー ～ない
3番荷物テーブルです。ア、すみません、3番ではなく、4番です。

Qǐngwèn, zhèlǐ yǒu yínháng ma?
B：请问，这里 有 银行 吗？
ここ ある・いる 銀行
お尋ねしますが、ここに銀行がありますか。

Méiyǒu yínháng, yǒu zài diàntī de zuǒbianr.
C：没有 银行，有ATM，在 电梯 的 左边儿。
ない エレベーター 左側
銀行はありませんが、ATMならあります。エレベーターの左側にあります。

比較してみよう

1．～私に～くれる：～给我～

他 给 我 名片。 朋友 给 我 礼物（lǐwù）。 请 给 我 名片。

彼は私に名刺をくれる。 友達は私にプレゼントをくれる。 私に名刺を下さい。

2．～あなたに～あげる：～给你～

我 给 你 名片。 我 给 朋友 礼物。 请 给 他 名片。

私はあなたに名刺をあげる。 私は友達にプレゼントをあげる。 彼に名刺をあげてください。

3．Aか、それともBか？：～A，还是～B?（「か」に相当する"吗"が不要。）

他 是 日本人？还是 韩国人？

彼は日本人ですか、
それとも韓国人ですか。

你 来（lái） 日本，还是 我 去（qù） 中国？

あなたが日本に来るか、
それとも、私が中国に行くか。

要凉的，还是要热的？

アイスがいいですか。それとも、ホットがいいですか。

4．形式名詞「～の」：～的

凉 的	热 的	我 的	他 的	日本 的	中国 的
冷たいの	熱いの	私の	彼の	日本の	中国の

5．物・人間＋場所＋ある（ない）・いる（いない）：物・人間＋在（不 在）＋場所

我 的 护照（hùzhào） 在 这儿。

私のパスポートはここにある。

他 的 朋友 在 美国，不 在 加拿大（Jiānádà）。

彼の友達はアメリカにいる。カナダにいない。

洗手间（Xǐshǒujiān） 在 电梯 旁边儿（pángbiānr）。

お手洗いはエレベーターのそばにある。

6．場所＋物・人間＋ある（ない）・いる（いない）：場所＋有（没 有）＋物・人間

这儿 有 银行。我们 班（bān） 有 中国 留学生，没有 韩国 留学生。

ここに銀行がある。 私達のクラスに中国人の留学生がいるが、韓国人留学生はいない。

九州 有 很（hěn） 多（duō） 温泉（wēnquán）。

九州に沢山の温泉がある。

B

[文を読み、日本語に訳しなさい]

Nínhǎo. Nín hē shénme yǐnliào?
A：您好。您 喝 什么 饮料?

Qǐng gěi wǒ yì bēi hóngchá.
B：请 给 我 一 杯 红茶。

Yào liáng de, háishi yào rè de?
A：要 凉 的，还是 要 热 的?

Yào liáng de. Duìbuqǐ, qǐng gěi wǒ yì tiáo máotǎn.
B：要 凉 的。对不起，请 给 我 一 条 毛毯。
毛布

……

Qǐngwèn, wǔ'èrjiǔ hángbān dé xíngli zài sān hào zhuànpán ma?
B：请问，529 航班 的 行李 在 3 号 转盘 吗?

Bú zài sān hào, zài sì hào.
C：不 在 3 号，在 4 号。

Qǐngwèn, zhèlǐ yǒu yínháng ma?
B：请问，这里 有 银行 吗?

Yǒu, yínháng zài xǐshǒujiān de pángbiānr.
C：有，银行 在 洗手间 的 旁边儿。
お手洗い

C

「中国語に訳してから読みなさい」

Nín hē

A：您好。________________________?

お飲物は何をお飲みになりますか。

píjiǔ

B：____________啤酒?

ビールがありますが。

A：________________________。

すみません。ビールはございません。

Qǐng　yì　bēi　wūlóng　chá.

B：____________一杯乌龙茶。

ウーロン茶下さい。

A：____。

冷たい方がいいですか。それとも、あつい方がいいですか。

B：______________________。______________________。

冷たいものをお願いします。　すみませんが、毛布を下さい。

Qǐng wèn,　jǐhào

B：__________，______________几号__________?

すみませんが、　852便の荷物は何番ですか。

C：______________________。

５番荷物テーブルです。

chōngdiàn　chāzuò

B：____________________充电　插座________?

お尋ねしますが、ここに充電コーナーがありますが。

Yǒu,

C：______________________________。

あります。ATMの右側にあります。

D

[読みながら、ピンインを付けてみよう]

A：您好。您喝什么饮料？

B：请给我一杯红茶。

A：要凉的，还是要热的？

B：要凉的。对不起，请给我一条毛毯。

……

B：请问，529航班的行李在3号转盘吗？

C：不在 3 号，在 4 号。

B：请问，这里有银行吗？

C：有，银行在洗手间的旁边儿。

練習用補充語句

1．場所・位置・方向

shàngbianr shàngmiàn
上边儿・上面／上

xiàbianr xiàmiàn
下边儿・下面／下

zuǒbianr zuǒmiàn
左边儿・左面／左

yòubianr yòumiàn
右边儿・右面／右

qiánbianr qiānmiàn
前边儿・前面／前

hòubianr hòumiàn
后边儿・后面／後

lǐbianr lǐmiàn
里边儿・里面／中

wàibianr wàimiàn
外边儿・外面／外

zhōngjiān
中间／まん中

pángbiānr
旁边儿／そば

dōngbianr dōngmiàn
东边儿・东面／東

xībianr xīmiàn
西边儿・西面／西

nánbianr nánmiàn
南边儿・南面／南

běibianr běimiàn
北边儿・北面／北

2．数字１（百以内）

líng	yī	èr	sān	sì	wǔ	liù	qī	bā	jiǔ	shí
0	1	2	3	4	5	6	7	8	9	10

shí+yī=shíyī
10＋1＝11

èr+shí=èrshí
2×10＝20

jiǔ+shi+jiǔ jiǔshijiǔ
9×10＋9＝99

3．施設

diàndòngfútī
电动扶梯／エスカレーター

zìdòngrénxíngdào
自动人行道／電動歩道

xǐshǒujiān
洗手间／お手洗い

wènshìchù
问事处／案内所

gōnggòngdiànhuà
公共电话／公衆電話

xiǎomàidiàn
小卖店／売店

fàndiàn
饭店／レストラン

biànlìdiàn
便利店／コンビニエンスストア

zìdòngshòumàijī
自动售卖机／自動販売機

shūdiàn
书店／本屋

zìdòngtíkuǎnjī zìdòngguìyuánjī
自动提款机・自动柜员机／ATM

miǎnshuìdiàn
免税店／免税店

bànpiàoguìtái
办票柜台／カウンター

ānjiǎnrùkǒu
安检入口／保安検査場の入口

dēngjīkǒu
登机口／搭乗口

4．“在”と“有”のまとめ

<table>
<tr><td rowspan="5">“在”</td><td colspan="2">物・人＋場所＋ある・いる</td><td colspan="2">場所＋物・人＋ある・いる</td><td rowspan="5">“有”</td></tr>
<tr><td rowspan="2">＝ある</td><td>本は机の上にある。</td><td>机の上に本がある。</td><td rowspan="2">ある＝</td></tr>
<tr><td>Shū zài zhuōzi shang.
书 在 桌子 上。
Nèi běn shū zài zhuōzi shang.
那 本 书 在 桌子 上。
×1本书在桌子上。</td><td>Zhuōzi shang yǒu shū.
桌子 上 有 书。
×桌子上有那本书。
Zhuōzi shang yǒu yì běn shū
桌子 上 有 1 本 书。</td></tr>
<tr><td rowspan="2">＝いる</td><td>学生は教室にいる。</td><td>教室に学生がいる。</td><td rowspan="2">いる＝</td></tr>
<tr><td>Xuésheng zài jiàoshì li.
学生 在 教室 里。
Tiánzhōng zài jiàoshì li.
田中 在 教室 里。
×三个学生在教室里。</td><td>Jiàoshì li yǒu xuésheng.
教室 里有 学生。
×教室里有田中。
Jiàoshì li yǒu sān ge xuésheng.
教室 里有 三 个 学生。</td></tr>
</table>

練　　習

応用練習

1．中国語でお手洗いの場所を聞き、その答えを完成しなさい。（“在”を使う）

2．中国語で ATM の場所を聞き、その答えを完成しなさい。（“有”を使う）

3．中国語で764便の荷物テーブル番号を聞き、その答えを完成しなさい。

4．次の会話を完成しなさい。

(1) a：您喝什么饮料？

b：______________________________

(2) a：您吃牛肉饭 niúròufàn（ビーフライス），还是吃 海鲜面 hǎixiānmiàn（海鮮麺）？

b：______________________________。

(3) a：请问，有 矿泉水 kuàngquánshuǐ（ミネラルウォーター）吗？

b：______________________________

(4) a：______________________________

b：在 小卖店 xiǎomàidiàn（売店）的旁边儿。

5．（　）に適当な語を入れ、文を読んで、日本語に訳しなさい。

(1) 您好。请（　　　）我一杯咖啡。

(2) 这个(zhèige / これ)是我的，（　　　）你的？

(3) 这里也（　　　）充电插座。

(4) 中国（　　　）日本的西边儿。

6．間違ったところを訂正しなさい。

(1) 洗手间有电梯的旁边儿。

(2) 请我海鲜面给。

(3) 请问，中国在樱花(yīnghuā / 桜)吗？

(4) 这里不在 ATM。

7．次の「飛行機・空港関係語」の単語の意味を推測して言ってみましょう。

dàtīng 大厅

wǎndiǎn 晚点

ānquánméng 安全门

zhèngdiǎn 正点

ānquándài 安全带

qǐfēi 起飞

jīpiào 机票

kōngjiě 空姐

zhuǎnjī 转机

yùnjī 晕机

検定練習

1．(1)(2)の中国語の正しいピンイン表記を、①～④の中から1つ選びなさい。

【中国語検定試験準4級レベル問題】

(1) 喝　①hā　②hē　③kā　④kē

(2) 饮料　①yǐngliào　②yīnliào　③yǐnliào　④yǐnliāo

2．(1)(2)の日本語の意味になるように空欄を埋めるとき、最も適当なものを、①～④の中から1つ選びなさい。

【中国語検定試験準4級レベル問題】

(1) ここに銀行がないですが､ATM があります。

这儿（　　　）银行，（　　　）ATM。

①没有・有　②不在・在　③没有・在　④不在・有

(2) コーヒーを下さい。

请（　　　）我一杯咖啡。

①给　②喝　③吃　④有

3．次の日本語の下線部を中国語に訳し、漢字（簡体字）で書きなさい。

【中国語検定試験準４級レベル問題】

(1) 飛行機に乗る。　　(2)あついお茶。

(3) 銀行に行く。　　(4)お手洗いをさがす。

4．下の日本語の意味になるようにそれぞれ①～④を並べ替えたときに、［　　］内に入るものを選びなさい。

【中国語検定試験準４級レベル問題】

(1) 何をお飲みになりますか。

________ ［　　］ ________ ________?

①什么　②喝　③饮料　④您

(2) 529便ですか。それとも925便ですか。

这是________，［　　］ ________ ________?

①是　②还是　③925航班　④529航班

復習確認のページ

下記の表を完成しなさい

(空白に適当な語、語句を埋めなさい。中国語の場合はピンインも付けること。)

単語	方向位置	日	東	西	南	北	上	下	前		左			外
		中								hòumiàn 后面		pángbiānr 旁边儿	lǐmiàn 里面	

単語	数字	日	87	11	31	49	50	62
		中						

単語	空港関係	日	充電 コーナー	手荷物		荷物 テーブル	銀行		トイレ
		中			hángbān 航班			diàntī 电梯	

文型	授受	日	私にビーフライスを下さい。	
		中		Wǒ gěi nǐ lǐwù. 我 给 你 礼物。
	存在	日	F カウンターはどこにありますか。	エスカレーターの右側にレストランがあります。
		中		
	選択疑問	日	紅茶がいいですか、それとも、コーヒーがいいですか。	
		中		请给我一杯咖啡。

用法	形式名詞	日	熱いの	冷たいの	私の	あなたの	
		中					Yào liáng de, háishi yào rè de? 要 凉 的? 还是 要 热 的?

一休みコーナー

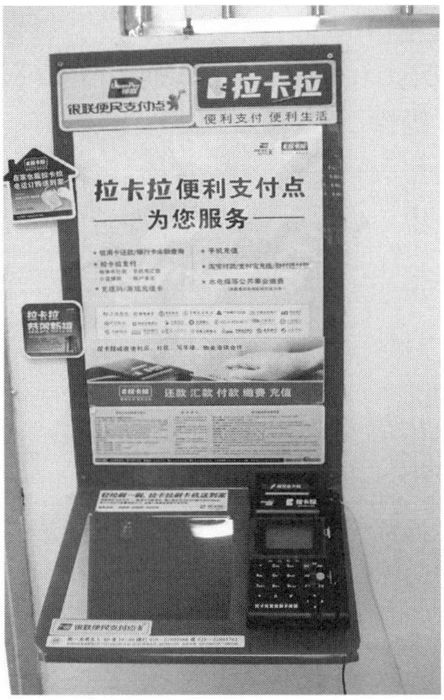

何の機械でしょうか。

　　Ràng　nǐ　jiǔ děng le
A：让 你 久 等 了！

　　Méi　guānxi
B：没 关系。

Dì kè Huàn qián

第7课　换钱（両替する）

第7課で学ぶ表現	1．願望表現：①～したい。 想～　②～するつもりです。 打算～ 2．場所＋動作：①（場所）で～をする。 在　②（場所）に～する。 在 3．軽い動作：①ちょっと～する。 ②～してみる。 ～一下。動詞の重ね型 4．仮定表現：もし～ば、… 要是～的话

A

Nǐhǎo　wǒ xiǎng　huàn　diǎnr　rénmínbì,　zài　nǎr　huàn?
A：你好，我 想　换 点儿 人民币，在 哪儿 换？
　　　～たい　換える　　人民元　で
こんにちは。ちょっと人民元に両替したいのですが。どこで両替できますか。

Zài　qī　hào　chuāngkǒu.　Nín　yòng　shénme　wàibì　huàn?
B：在　7　号　窗口。您 用 什么 外币 换？
　　　窓口　用いる　何　外貨
7番窓口です。どの外貨からの両替でしょうか。

Yòng　rìyuán.　Xiànzài　dè　huìlǜ　shì　duōshao?
A：用 日元。现在 的 汇率 是 多少？
　　日本円　今　レート　幾ら
日本円でお願いします。今のレートは幾らですか。

Qǐng　děng　yíxià,　wǒ　chácha.　Yíwàn　rìyuán　huàn　wǔbǎiqīshíbā　yuán.　Nín　dǎsuan　huàn　duōshao?
B：请　等　一下，我 查查。1万 日元 换　578　元。您 打算 换 多少？
　どうぞ　待つ　ちょっと　調べてみる　元　つもり
少々お待ちください。調べてみます。1万円578元です。幾ら両替しますか。

Huàn　sānwàn　rìyuán.
A：换　3万　日元。
3万円両替します。

Qǐng　zài　zhèr　xiě　xìngmíng　hé　hùzhào　hàomǎ,　zài　xiàbianr　xiě　qiánshù.
B：请 在 这儿 写 姓名 和　护照　号码，在 下边儿 写 钱数。
　　に　ここ　書く　姓名　と　パスポート　番号　下　金額
ここにお名前とパスポートナンバーを、その下に金額を記入してください。

Yàoshi　kěyǐ　dehuà,　wǒ　xiǎng　yào　diǎnr　língqián.
A：要是 可以 的话，我 想 要 点儿 零钱。
　　もし　できる　～ば　小銭
もしできれば、ちょっとこまかいのがほしいのですが。

Kěyǐ ya, yào shénmeyàng de?
B：可以 呀，要 什么样 的？
～よ どんな の・もの

いいですよ。どのようにしますか。

Yào shí zhāng shí kuài de, wǔ zhāng wǔ kuài de. Zài yào shíwǔ ge yí kuài de yìngbì.
A：要 10 张 10 块 的，5 张 5 块 的。再 要 15 个 1 块 的 硬币。
枚 元 また 硬貨

10元札10枚、５元札５枚、あと１元の硬貨を15枚下さい。

比較してみよう

1．～に替える、両替する／～を替える、両替する：换～

Wǒ xiǎng huàn diǎnr rénmínbì.
我 想 换 点儿 人民币。
私は少し人民元に替えたい。

rìyuán
我 想 换 点儿 日元。
私は少し日本円を替えたい。

2．～を・がしたい／するつもりです：想／打算＋動詞（＋目的語）

我 想 换 人民币。
私は人民元に替えたい。

dǎsuan duōshao
你 打算 换 多少？
あなたは幾ら替えるつもりですか。

hē kāfēi, hóngchá.
他 不 想 喝 咖啡，想 喝 红茶。
彼はコーヒーを飲みたくなく、紅茶が飲みたい（と言った）。

xiànzài qù liúxué.
我 现在 不 打算 去 留学。
今のところ私は留学に行くつもりがない。

3．場所で～する／場所に～する：在＋場所＋動詞

qīhào chuāngkǒu huàn wàibì.
在 7号 窗口 换 外币。
7番の窓口で両替する。

zhèr xiě xìngmíng hé hùzhào hàomǎ.
在 这儿 写 姓名 和 护照 号码。
ここに名前とパスポート番号を書く。

否定する場合は否定詞を前置詞“在”の前に置く

Tiánzhōng Běijīng liúxué
田中 不 在 北京 留学。(×田中在北京不留学。)
田中さんが北京に留学していない。

qiánshù
不 在 这儿 写 钱数。(×在这儿不写钱数。)
ここに金額を書かない。

動詞「在」との比較：田中在北京。 →田中 在 北京 留学。
田中さんが北京にいる。→ 田中さんが北京に留学している。

4．ちょっと～する／～してみる：動詞＋一下・動詞の重ね型・動詞＋一＋動詞

请 等 一下。请 等等。请 等一等。
ちょっと待ってください。

我 查 一下。我 查查。我 查一查。(×调查一调查)
ちょっと調べてみます。

5．もし～ば：(要是) ～ (的话)

要是 可以 的话，……。
要是 可以，……。
可以 的话，……。
もし、できれば、…。

gǎn xìngqù huānyíng cānjiā
要是 你 感 兴趣 的话，欢迎 参加。
要是 你 感 兴趣，欢迎 参加。
你 感 兴趣 的话，欢迎 参加。
もし、興味があれば、参加してください。

B

[文を読み、日本語に訳しなさい]

Nǐhǎo wǒ xiǎng huàn diǎnr rìyuán, zài nǎr huàn?
A：你好，我 想 换 点儿 日元，在 哪儿 换？

Zài bā hào chuāngkǒu. Nín yòng rìyuán huàn rénmínbì ma?
B：在 8 号 窗口。您 用 日元 换 人民币 吗？

Duì, huàn rénmínbì. Xiànzài dè huìlǜ shì duōshao?
A：对，换 人民币。现在 的 汇率 是 多少？

Qǐng děng yi děng, wǒ chá yíxià. Yíwàn rìyuán huàn wǔbǎliùshí yuán. Nín dǎsuan huàn
B：请 等 一 等，我 查 一下。1 万 日元 换 560 元。您 打算 换

---

duōshao?
多少？

Huàn wǔ wàn rìyuán.
A：换 5 万 日元。

Qǐng zài zhèr xiě xìngmíng hé hùzhào hàomǎ, zài xiàbianr xiě qiánshù.
B：请 在 这儿 写 姓名 和 护照 号码，在 下边儿 写 钱数。

Yàoshi kěyǐ wǒ xiǎng dōu yào zhěngqián.
A：要是 可以，我 想 都 要 整钱。（“零钱”の反対語。金額のきりのよいお札）

Kěyǐ, xiǎng yào shénmeyàng de?
B：可以，想 要 什么样 的？

Yào sānshí zhāng yìbǎi kuài de shí zhāng wǔshi kuài de. Zài yào shíwǔ zhāng èrshí kuài de.
A：要 30 张 100 块 的，10 张 50 块 的。再 要 15 张 20 块 的。

第7课 换钱（両替する）

C

[中国語に訳してから読みなさい]

A：＿＿＿＿＿＿，＿＿＿＿＿＿＿＿＿＿＿＿＿＿＿＿。＿＿＿＿＿＿＿＿＿？
こんにちは。　ちょっと人民元に両替したいのですが。　どこで両替できますか。

B：＿＿＿＿＿＿＿＿＿。＿＿＿＿＿＿＿＿＿？
9番窓口です。　どの外貨から（を使って）の両替でしょうか。

A：＿＿＿＿＿＿＿＿＿＿。　＿＿＿＿＿＿＿＿＿＿＿＿＿＿＿＿＿？
日本円でお願いします。（日本円を使います。）　今のレートは幾らですか。

B：＿＿＿＿＿＿＿＿＿，＿＿＿＿＿＿。＿＿＿＿＿＿＿＿＿＿＿。
ちょっと待って下さい。　調べてみます。　1万円、583元です。

＿＿＿＿＿＿＿＿＿？
幾ら両替するつもりですか。

A：＿＿＿＿＿＿＿＿。
4万円両替します。

B：＿＿＿＿＿＿＿＿＿＿＿＿＿＿＿＿＿＿＿，＿＿＿＿＿＿＿＿＿＿＿＿＿＿＿＿＿。
ここにお名前とパスポートナンバーを、　その下に金額を記入してください。

A：＿＿＿＿＿＿＿，＿＿＿＿＿＿＿＿＿＿＿＿＿＿＿＿＿。
もし、できれば、　ちょっとこまかいのがほしいのですが。

B：＿＿＿＿＿，＿＿＿＿＿＿＿＿＿＿＿＿＿？
いいですよ。　どのようにしましょうか。

A：＿＿＿＿＿，＿＿＿＿＿。＿＿＿＿＿＿＿＿＿＿＿＿＿＿＿。
10元札10枚、　5元札5枚、　さらに1元の硬貨を15枚下さい。

D

[文を読み、ピンインを付けてみよう]

A：你好，我想换点儿日元，在哪儿换？

B：在 8 号窗口。您用日元换人民币吗？

A：对，换人民币。现在的汇率是多少？

B：请等一 等，我查一下。1 万日元换650元。您打算换多少？

A：换 5 万日元。

B：请在这儿写姓名和护照号码，在下边儿写钱数。

A：要是可以，我想都要整钱。

B：可以，想要什么样的？

A：要30张100块的，10张50块的。再要15张20块的。

練習用補充語句

1．数字２（百以上）

Yìbǎi	yìqiān	yíwàn	shíwàn	yìbǎiwàn	yìqiānwàn	yíyì
一百	一千	一万	十万	一百万	一千万	一亿
100	1000	10,000	100,000	1,000,000	10,000,000	100,000,000

Yìbǎilíngyī	sānqiānlíngwǔ	sìwànlíngliù
一百零一	三千零五	四万零六
101	3,005	40,006

yìbǎiyīshí	wǔbǎiyīshiqī	liùwànlíngyīshibā	jiǔwànlíngyìbǎiyīshi'èr
一百一十	五百一十七	六万零一十八	九万零一百一十二
110	517	60,018	90,112

2．通貨

gǎngbì 港币／香港ドル　táibì 台币／台湾ドル　měiyuán 美元／米ドル　ōuyuán 欧元／ユーロ　hányuán 韩元／韓国ウォン

àoyuán 澳元／オーストラリアドル・マカオパタカ　yīngbàng 英镑／英国ポンド　ruìshìfǎláng 瑞士法郎／スイスフラン

jiāyuán 加元／カナダドル　lúbù 卢布／ロシアルーブル　xīnjiāpōyuán 新加坡元／シンガポールドル

lúbǐ 卢比／インドルピー　tàiguózhū 泰国铢／タイバーツ　mǎláixīyàlìngjí 马来西亚令吉／マレーシアリンギット

3．疑問文のまとめ(1)

種類		構成（中）	構成（日）	用例の比較（中）	用例の比較（日）
		平叙文＋吗?	平叙文＋か。	他是日本人吗? 这儿有银行吗?	彼は日本人ですか。 ここに銀行がありますか。
疑問詞疑問文	人間	疑問詞を含んでいる文＋?	疑問詞を含んでいる文＋か。	他是谁? ×他是谁吗? zhǎo něige rén 你找 哪个 人? ×你找哪个人吗? xǐhuan gēshǒu 你喜欢哪个歌手? ×你喜欢哪个歌手吗?	彼は誰ですか。 どの人を捜しますか。 どの歌手が好きですか。

		中	日	中	日
疑問詞疑問文	物	疑問詞を含んでいる文＋？	疑問詞を含んでいる文＋か。	这是什么? ×这是什么吗? 那是什么书? ×那是什么的书? ×那是什么书吗? 这是谁的书? ×这是谁的书吗? hùzhào 你的护照是哪个? ×你的护照是哪个吗?	これは何ですか。 あれは何の本ですか。 これは誰の本ですか。 あなたのパスポートはどれですか。
	場所	疑問詞を含んでいる文＋？	疑問詞を含んでいる文＋か。	哪儿·哪里有洗手间? ×哪儿・哪里有洗手间吗? 洗手间在哪儿·哪里? ×洗手间在哪儿・哪里吗? dìfang 你家在什么地方? ×你家在什么地方吗? dàxué 你在哪个大学? ×你在哪个大学吗?	どこにお手洗いがありますか。 お手洗いはどこですか。 あなたの家はどこですか。 あなたはどの大学で勉強していますか。
	時間	疑問詞を含んでいる文＋？	疑問詞を含んでいる文＋か。	你什么时候去? ×你什么时候去吗?	君はいつ行きますか。
	数量	疑問詞を含んでいる文＋？	疑問詞を含んでいる文＋か。	在几号窗口? ×在几号窗口吗? 你换多少? ×你换多少吗?	何番窓口ですか。 いくら両替しますか。
選択疑問文		～A？还是～B？	A～、それともB～か。	要凉的? 还是要热的? ×要凉的吗? 还是要热的吗?	冷たい方がいいですか。それとも熱い方がいいですか。
承前疑問文		～呢?	～は？	我是留学生。你呢?	私は留学生です。あなたは？

練　習

応用練習

1．中国語で両替の窓口番号を聞き、その答えも完成しなさい。

2．中国語で人民元に対する日本円のレートを聞き、その答えも完成しなさい。

3．まず銀行員として中国語でお客さんの両替したい金額を聞き、それから客の答えを完成しなさい。

4．次の会話を完成しなさい。

(1) a：您换港币？还是换人民币？
b：________________。

(2) a：________________？
b：1万日元换3,800元台币。

(3) a：您想换多少？
b：________________

(4) a：________________
b：可以。您想要什么样的零钱？

5．（　）に適当な語を入れ、文を読んで、日本語に訳しなさい。

(1) 您是（　　　）日元换人民币吗？

(2) 请等（　　　），我找（　　　）。
zhǎo 找：捜す

(3) 请（　　　）这儿写钱数。

(4) （　　　）可以（　　　），我想都要100元的。

6．間違ったところを訂正しなさい。

(1) 换外币有3号窗口。

(2) 您多少换打算？

(3) 请这儿在写姓名和护照号码。

(4) 请一下等，我一下查。

検定用練習

1．(1)(2)の中国語の正しいピンイン表記を、①～④の中から1つ選びなさい。

【中国語検定試験準4級レベル問題】

(1) 用　①yào　②yòu　③ròng　④yòng

(2) 护照　①hùzhào　②hàoxiào　③kòuzhào　④hùxiào

2．(1)(2)の日本語の意味になるように空欄を埋めるとき、最も適当なものを、①～④の中から1つ選びなさい。

【中国語検定試験準4級レベル問題】

(1) ちょっと人民元に両替したいのですが。
我想换（　　　）人民币。
①一下　②点儿　③少　④零钱

(2) ここにお名前とパスポートナンバーを記入してください。
请（　　　）这儿写姓名和护照号码。
①有　②在　③是　④要

3．次の日本語の下線部を中国語に訳し、漢字（簡体字）で書きなさい。

【中国語検定試験準４級レベル問題】

(1)　３番窓口。　　(2)　日本円を換える。

(3)　百元札５枚。　　(4)　小銭がほしい。

4．下の日本語の意味になるようにそれぞれ①～④を並べ替えたときに、［　］内に入るものを選びなさい。

【中国語検定試験準４級レベル問題】

(1)　すみませんが、今のレートは幾らですか。

请问，＿＿＿＿ ＿＿＿＿［　　］＿＿＿＿？

①汇率　②现在　③多少　④是

(2)　日本円を人民元に両替したいですか。

您想 ＿＿＿＿［　　］＿＿＿＿ ＿＿＿＿ 吗？

①换　②用　③日元　④人民币

5．次の日本語の意味に合う中国語を、①～④の中から1 つ選びなさい。

【中国語検定試験４級レベル問題】

(1)　私も３万円を両替するつもりです。

①我也换 3 万日元打算。
②我 3 万日元也打算换。
③我也打算换3万日元。
④我也3万日元打算换。

(2)　もしできれば､こまかいのがほしくないですが。

①要是可以的话，零钱不想要。
②要是可以的话，不想零钱要。
③要是可以的话，零钱想不要。
④要是可以的话，不想要零钱。

復習確認のページ

下記の表を完成しなさい
（空白に適当な語、語句を埋めなさい。中国語の場合はピンインも付けること。）

単語	両替関係	日	両替する	外貨	レート	調べる				
		中					qiánshù			
							钱数	零钱	整钱	硬币
	数字	日	105	1110	2013	4900	5007	70804	18万	13億
		中								
文型	願望	日	幾ら替えたいですか。						替えたくない。	
		中								
						我打算换５万日元。				
	場所＋動作	日	３番窓口で両替する。							
		中								
						请在这儿写钱数。			他不在东京留学。	
用法	仮定	日	もしできれば、～。							
		中								
						要是有咖啡的话，请给我一杯。				
	軽動作	日	ちょっと調べます。							
		中								
						请等一等。		我想（考える）想。		

一休み コーナー

zìmí
字谜・なぞなぞ漢字

Wǒ méi yǒu tā yǒu nǐ méi yǒu tā yǒu
（1）我没有他有，你没有她有。（漢字１文字）

Rén zài cǎo mù zhōng
（2）人在草木中。（漢字１文字）

第8课　问路（道をたずねる）

Dì kè Wènlù

第8課で学ぶ表現	
	1．起点（経由）～終点：～から、～まで～　从～到～
	2．目的地に・へ行く　：～に（行く）　去～・到～
	3．前後継続の動作　：まず～し、それから～する　先～，再～
	4．方向へ移動　：～へ（行く・歩く）　往～

A

Nínhǎo! Qǐngwèn, cóng zhèr qù Chángchéng fàndiàn zěnme zuò chē?
A：您好！请问，从 这儿 去 长城 饭店 怎么 坐车？
から　行く　長城　ホテル　車に乗る
こんにちは。お尋ねしますが、ここから長城ホテルに行くにはどれに乗ればいいでしょうか。

Xiān zuò jīchǎng dàbā sān hàoxiàn dào Wénhuà guǎngchǎng, zài huàn dìtiě.
B：先 坐 机场 大巴 3 号线 到 文化 广场，再 换 地铁。
バス　号線　まで　文化　広場　～てから　乗り換える　地下鉄
まず空港リムジンバス3号線で文化広場まで行って、そこで地下鉄に乗り換えてください。

Qǐngwèn, qù dìtiě zhàn zěnme zǒu?
A：请问，去 地铁 站 怎么 走？
駅　歩く
お尋ねしますが、地下鉄の駅まではどう行けばいいでしょうか。

Yìzhí wǎng qián zǒu, dào hónglǜdēng wǎng yòu guǎi.
B：一直 往 前 走，到 红绿灯 往 右 拐。
まっすぐ　へ　前　信号　右　曲がる
（ここを）まっすぐ行って、信号から右へ曲がってください。

Qǐngwèn, qù Chángchéng fàndiàn zuò něi ge chē?
A：请问，去 长城 饭店 坐 哪 个 车？
どの
お尋ねしますが、長城ホテルに行くにはどの列車に乗ればよいでしょうか。

Zuò yī zhàntái de chē, dào Chéngnánhuǒchēzhàn xià.
B：坐 1 站台 的 车，到 城南火车站 下。
ホーム　駅　降りる
一番ホームの列車に乗って、城南駅で降りてください。

Nǐhǎo. Wǒ xiǎng qù Chángchéng fàndiàn, lí zhèr yuǎn bu yuǎn?
A：你好。我 想 去 长城 饭店，离 这儿 远 不 远？
から　遠い
こんにちは。長城ホテルに行きたいのですが、ここから遠いですか。

Bútài yuǎn, zǒu wǔ、liù fēnzhōng ba.
B：不太 远，走 五、六 分钟 吧。
あまり～ない　歩く　分　でしょう
そんなに遠くはありません。歩いて5、6分でしょう。

比較してみよう

1．～から～に・へ：从～去・到～（从：起点の「から」。到：「～に・へ行く」）

Měiguó chūchāi
从 这儿 去 长城 饭店。　从 日本 到 美国 出差。
ここから長城ホテルに行く。　日本からアメリカへ出張する。

2．～から、～まで：从～到～（从：起点の「から」。到：終点の「まで」）

jīchǎng chēzhàn　Dōngjīng Dàbǎn
从 机场 到 车站　从 东京 到 大阪
空港から駅まで　東京から大阪まで

yuè yuè　xiǎoxué dàxué
从 3月 到 12月　从 小学 到 大学
３月から12月まで　小学校から大学まで

3．まず～して、それから～する：先＋動詞１，再＋動詞2

xué fāyīn huìhuà
先 坐 机场 大巴，再 换 地铁。　先 学 发音，再 学 会话。
まず空港リムジンバスに乗り、それから地下鉄に乗り換える。　まず発音を勉強し、それから会話を勉強する。

wǎng qián zǒu wǎng zuǒ guǎi　zuò zuòyè kàn diànshì
先 往 前 走，再 往 左 拐。　先 做 作业，再 看 电视。
まず（ここを）まっすぐ行き、それから左へ曲がる。まず宿題をし、それからテレビを見る。

4．（距離を測る終点）＋（距離を測る起点）＋から：（距離を測る終点）＋离＋（距離を測る起点）

jiā
长城 饭店 离 这儿 远 吗？　我家 离 大学 不 远。
長城ホテルはここから遠いですか。　私の家は大学から遠くないです。

jìn　Xiànzài kǎoshì hái yǒu jǐ tiān
这儿 离 地铁 站 很 近。　现在 离 考试 还 有 几 天？
ここから地下鉄の駅まではとても近いです。　試験までは何日間ありますか。

5．形容詞述語文　（主語）＋形容詞＋です：（主语）＋形容词。

Jīntiān hěn liángkuai
长城 饭店 离 这儿 是 远 吗？　今天 是 很 凉快。
長城ホテルはここから遠いですか。　今日はとても涼しいです。

Hànyǔ bù nán　máng
汉语 是 不 难。　我 是 不太 忙。
中国語は難しくないです。　私はあまり忙しくないです。

6．反復疑問文：同一語句の肯定形＋否定形（＋目的語）

远 不 远?

遠いですか。(遠くないですか。)

qù qù
去 不 去?

行きますか。(行きませんか。)

他 是不是 留学生?

彼は留学生ですか。(そうではないですか。)

那儿 有 没有 ATM?

そこにATMがありますか。(ないですか。)

B

[文を読み、日本語に訳しなさい]

Nínhǎo! Qǐngwèn, cóng zhèr qù Fùshì fàndiàn zěnme zuòchē?
A：您好！ 请问，从 这儿 去 富士 饭店 怎么 坐车？

___

Xiān zuò dìtiě dào huǒchēzhàn, zài huàn jīchǎng dàbā sān hàoxiàn.
B：先 坐 地铁 到 火车站，再 换 机场 大巴 3 号线。

___

Qǐngwèn, qù dìtiě zhàn zěnme zǒu?
A：请问，去 地铁 站 怎么 走？

___

Yìzhí wǎng qián zǒu, dào hónglǜdēng wǎng zuǒ guǎi.
B：一直 往 前 走，到 红绿灯 往 左 拐。

___

Qǐngwèn, qù Chángchéng fàndiàn zuò něi ge chē?
A：请问，去 长城 饭店 坐 哪 个 车？

___

Zuò liù zhàntái de chē, dào Wénhuà guǎngchǎng xià.
B：坐 6 站台 的 车，到 文化 广场 下。

___

Nǐhǎo. Wǒ xiǎng qù Chángchéng fàndiàn, lí zhèr yuǎn bu yuǎn?
A：你好。我 想 去 长城 饭店，离 这儿 远 不 远？

___

Bú yuǎn, hěn jìn, zǒu qī、bā、fēnzhōng ba.
B：不 远，很 近，走 七、八 分钟 吧。

___

C

[次の中国語を日本語に訳し、読みなさい]

A：＿＿＿＿＿＿。＿＿＿＿＿＿，＿＿＿＿＿＿＿＿＿＿＿＿＿＿＿＿＿＿＿＿＿＿？
こんにちは。　お尋ねしますが、ここから長城ホテルに行くにはどれに乗ればいいでしょうか。

B：＿＿＿＿＿＿＿＿＿＿＿＿＿＿＿＿，　＿＿＿＿＿＿＿＿＿＿＿＿＿＿＿＿＿。
先ず空港リムジンバス３号線で文化広場まで行って、　そこで地下鉄に乗り換えてください。

……

A：＿＿＿＿＿＿＿，＿＿＿＿＿＿＿＿＿＿＿＿＿＿＿＿＿＿＿＿？
お尋ねしますが、　地下鉄の駅へはどう行けばいいでしょうか。

B：＿＿＿＿＿＿＿＿＿＿＿＿＿，＿＿＿＿＿＿＿＿＿＿＿＿＿＿＿。
（ここを）まっすぐ行って、　信号から右へ曲がってください。

A：＿＿＿＿＿＿＿，＿＿＿＿＿＿＿＿＿＿＿＿＿＿＿＿＿＿＿？
お尋ねしますが、　長城ホテルに行くにはどの列車に乗ればよいでしょうか。

B：＿＿＿＿＿＿＿＿＿＿＿＿，＿＿＿＿＿＿＿＿＿＿＿＿＿。
一番ホームの列車に乗って、城南駅で降りてください。

……

A：＿＿＿＿＿＿。＿＿＿＿＿＿＿＿＿＿＿＿＿，＿＿＿＿＿＿＿？
今日は。　長城ホテルに行きたいですが、　遠いですか。

B：＿＿＿＿＿＿＿＿＿＿＿＿，＿＿＿＿＿＿＿＿＿＿＿。
そんなに遠くはありません。　歩いて５、６分でしょう。

D

[読みながら、ピンインを付けてみよう]

A：您好，请问，从这儿去富士饭店怎么坐车？

B：先坐地铁到火车站，再换机场大巴 3 号线。

A：请问，去地铁站怎么走？

B：一直往前走，到红绿灯往左拐。

A：请问，去长城饭店坐哪个车？

B：坐 6 站台的车，到文化广场下。

A：你好。我想去长城饭店，离这儿远不远？

B：不远，很近，走七、八分钟吧。

練習用補充語句

1．乗り物

qìchē 汽车／自動車　sījiāchē 私家车／自家用車（としての乗用車）　miànbāochē 面包车／マイクロバス　dìtiě 地铁／地下鉄

gōnggòngqìchē 公共汽车・gōngjiāochē 公交车・bāshì 巴士／バス　dānguǐdiànchē 单轨电车／モノレール　chángtúqìchē 长途汽车／長距離バス

huǒchē 火车／汽車　gāotiě 高铁／高速鉄道　diànchē 电车・yǒuguǐwúguǐdiànchē 有轨电车／路面電車　wúguǐdiànchē 无轨电车／トロリーバス

qīngguǐdiànchē 轻轨电车／ライトレール・環状線　jiùhùchē 救护车／救急車　chūzūqìchē 出租汽车・jìchéngchē 计程车・dīshì 的士／タクシー

xiāofángchē 消防车・jiùhuǒchē 救火车／消防車　kǎchē 卡车／トラック　lěngcángchē 冷藏车／冷凍車　diàochē 吊车／クレー

hùnhédònglìchē 混合动力车／ハイブリッド車　fēijī 飞机／飛行機　chuán 船／船

以上の乗り物に「乗る」ときは＝“坐”を使います。以下の乗り物に「乗る」は＝“骑（qí）”を使います。

mótuōchē 摩托车／バイク　zìxíngchē 自行车／自転車　sānlúnchē 三轮车／三輪車　dúlúnchē 独轮车／一輪車

2．街路関係

shízìlùkǒu 十字路口／十字路　dàlù 大路／大通り　dàjiē 大街・zhǔyàojiēdào 主要街道／メーンストリート

hútòng 胡同／横町・路地　duìmiàn 对面／向かい側　xiéduìmiàn 斜对面／斜め向かい　pángbiānr 旁边儿／隣

(jiùzài) pángbiānr （就在）旁边儿／すぐ隣　diànxiàngān 电线杆／電信柱　pàichūsuǒ 派出所／交番　guǎnggàopái 广告牌・zhāopái 招牌／看板

3．常用形容詞

dà 大／大きい　xiǎo 小／小さい　duō 多／多い　shǎo 少／少ない　cháng 长／長い　duǎn 短／短い　shēn 深／ふかい・濃い

qiǎn 浅／浅い　cū 粗／太い　xì 细／細い　báo 薄／薄い　hòu 厚／厚い　kuān 宽／広い　zhǎi 窄／狭い

guì 贵／（値段が）高い　jiàn 贱・piányi 便宜／安い　gāo 高／（身長が）高い　ǎi 矮／（身長が）低い

pàng 胖／太っている　shòu 瘦／痩せる　piàoliang 漂亮／美しい

suān 酸／酸っぱい　tián 甜／甘い　kǔ 苦／苦い　là 辣／辛い　xián 咸／塩辛い　dàn 淡／（味が）薄すぎる

hǎochī 好吃・hǎohē 好喝／おいしい　hēi 黑／黒い　bái 白／白い　hóng 红／赤い　huáng 黄／黄色い　lǜ 绿／緑

lán 蓝／青い　zǐ 紫／紫　fěnhóng 粉红／ピンク　hǎo 好／よい　huài 坏／悪い　kuài 快／速い

màn 慢／（スピードが）遅い　zǎo 早／早い　wǎn 晚／（時間が）遅い　lěng 冷／寒い・冷たい

rè 热／暑い・熱い　nuǎnhuo 暖和／暖かい　liángkuai 凉快／涼しい　shūfu 舒服／気分がいい　nánshòu 难受／苦しい

gāoxìng 高兴／嬉しい・楽しい

練　習

応用練習

1．中国語で空港までどのような交通手段で行くかを聞き、その答えも完成しなさい。

2．中国語で地下鉄駅までの行き方をたずね、その答えも完成しなさい。

3．中国語で現在地から長城ホテルまで遠いかどうかを確認し、その答えも完成しなさい。

4．次の会話を完成しなさい。

(1) a：您好。请问，从这儿去火车站怎么坐车？
　b：＿＿＿＿＿＿＿＿＿＿＿＿＿＿＿。

(2) a：＿＿＿＿＿＿＿＿＿＿？
　b：不太远，走10分钟吧。

(3) a：请问，去机场在哪儿换车。
　b：＿＿＿＿＿＿＿＿＿＿

(4) a：＿＿＿＿＿＿＿＿＿＿
　b：一直往前走，到十字路口（shízìlùkǒu）往东拐。

5．（　　）に適当な語を入れ、文を読んで、日本語に訳しなさい。

(1) 请问，（　　　）饭店（　　　）长城怎么坐车？

(2) （　　　）坐地铁到火车站，（　　　）换机场大巴5号线。

(3) 你们大学（　　　）车站远不远？

(4) 一直（　　　）南走，到公共（gōnggòng）电话（diànhuà）（　　　）右（yòu）拐。

6．間違いを訂正しなさい。

(1) 我 每天(měitiān) 都是忙。　　(2) 明天冷不冷吗?

(3) 京都(Jīngdū) 从 奈良(Nàiliáng)到 不太远。　　(4) 这儿地铁站离很近。

検定用練習

1．(1)(2)の中国語の正しいピンイン表記を、①～④の中から1つ選びなさい。

【中国語検定試験準4級レベル問題】

(1) 从　①cóng　②kóng　③sóng　④róng

(2) 红绿灯　①kónglùtēng　②hónglǜdēng　③kònglìdēng　④hóngrùtēng

2．(1)(2)の日本語の意味になるように空欄を埋めるとき、最も適当なものを、①～④の中から1つ選びなさい。

【中国語検定試験準4級レベル問題】

(1) ここから言語大学に行くにはどのように乗ればいいでしょうか。

（　　）这儿（　　）语言大学怎么坐车?

①到・从　②去・从　③去・到　④从・到

(2) 北京ホテルはここから遠いですか。

北京饭店（　　）这儿远不远?

①从　②到　③离　④往

3．次の日本語の下線部を中国語に訳し、漢字（簡体字）で書きなさい。

【中国語検定試験準4級レベル問題】

(1) <u>車に乗る</u>。　　(2) <u>まっすぐ</u>行く。

(3) <u>長城ホテル</u>。　　(4) <u>遠くない</u>。

4．下の日本語の意味になるようにそれぞれ①～④を並べ替えたときに、[　　] 内に入るものを選びなさい。

【中国語検定試験4級レベル問題】

(1) 先ず空港リムジンバスに乗り、その後地下鉄に乗り換えてください。

________ ________ [　　] ________。

①机场大巴　②先坐　③地铁　④再换

(2) まっすぐ前へ行って、信号から左へ曲がってください。

________ [　　] ________ ________。

①一直　②往左拐　③到红绿灯　④往前走

5．次の日本語の意味に合う中国語を、①〜④の中から１つ選びなさい。

【中国語検定試験４級レベル問題】

(1) ここから駅に行くにはどう行けばいいでしょうか。

①从这儿去车站怎么走?
②去车站从这儿怎么走?
③怎么从这儿去车站走?
④从这儿怎么走去车站?

(2) 前の十字路まで行ってそこから東へ曲がってください。

①往前面的十字路口到东拐。
②前面的十字路口到往东拐。
③到前面的十字路口往东拐。
④前面的十字路口往到东拐。

一休みコーナー

wǔyánjué jù xià yè
五言绝句 夏夜

Yuè sè yǎn fēng líng
月 色 掩 风 铃，
Qīng xī rào gǔ téng
清 溪 绕 古 藤。
Xún gāo xí dì zuò
寻 高 席 地 坐，
Zuì yǎn shǔ liú yíng
醉 眼 数 流 萤。

明媚な月光のもと、どこからか風鈴の音が聞こえ、
小道のそばの小川の水辺にはうねうねと老藤が絡み合っている。
私は少し高いところを探して腰を下ろし、
酔眼朦朧と飛び交う蛍を数える。

習得確認のページ

下記の表を完成しなさい
(空白に適当な語、語句を埋めなさい。中国語の場合はピンインも付けること。)

単語	移動距離	日	～から	～まで	～へ			
		中				lí		
						离	拐	走	坐车
	交通手段	日	空港リムジンバス		地下鉄駅	乗り換える			
		中							
								下（车）	站台

文型	形容詞述語	日	ここから遠いですか。	あまり遠くはありません。	
		中			
					我每天很忙。
	反復疑問文	日			
		中			
			明天冷不冷?	你想不想用日元换人民币?	汉语难不难?
用法	道を尋ねる・その回答				

用法	道を尋ねる・その回答	日	すみませんが、ここから日本大使館へはどう行けばいいですか。	
		中	dàshǐguǎn	Wàidà
			大使馆	请问，去外大怎么坐车?
		日	先ず地下鉄で文化広場まで行って、そこで空港リムジンバス3号線に乗り換えてください。	
		中		
		日	おたずねしますが、空港リムジンバス3番線はどこから乗りますか。	
		中		
		日	まっすぐ前へ行って、信号から北へ曲がってください。	歩いて3、4分でしょう。
		中		

第8课

问路（道をたずねる）

dì kè Zhùsù
第9课 住宿（宿泊）

第９課で学ぶ表現	
	１．～ていない・～なかった　没～
	２．可能表現：～できる・～してもよい　能～・会～・可以～
	３．比較表現：AはBより～・AはBほど～ない　A比B～・A没有B～
	４．動作の継続時間：継続時間＋動詞　動詞＋継続時間

A

Nǐhǎo, wǒ méi yùyuē, yǒu kòng fángjiān ma?
A：你好，我 没 预约，有 空 房间 吗？
～いない 予約する 空き 部屋
こんにちは。予約をしていないのですが、空いている部屋はありますか。

Yǒu, nín yào shénmeyàng de fángjiān?
B：有，您 要 什么样 的 房间？
どのような
ございます。どのような部屋をご希望ですか。

Dānrén fángjiān, yào néng shàngwǎng de.
A：单人 房间，要 能 上网 的。
1人 できる インターネットを見る
シングルルームで、インターネットができる部屋をお願いします。

Méiyǒu dānrénjiān, yǒu biāozhǔnjiān, liǎng zhāng chuáng.
B：没有 单人间，有 标准间，两 张 床。
スタンダード部屋 台 ベッド
シングルルームは空いていません。スタンダードルーム（ツイン）なら空いています。ベッドは２台あります。

Yì tiān duōshao qián? Bǐ dānrénjiān guì ba?
A：一 天 多少 钱？比 单人间 贵 吧？
一日 いくら お金 より 高い
一泊いくらですか。シングルより高いですよね。

Èrbǎisānshí yuán méiyǒu dānrénjiān piányi, búguò, kěyǐ miǎnfèi shàngwǎng.
B：230 元，没有 单人间 便宜，不过，可以 免费 上网。
安い ただし できる 無料
230元です。シングルほど安くないですが、インターネットは無料です。

Nà wǒ jiù zhù biāozhǔnjiān ba. Zhù sān tiān.
A：那 我 就 住 标准间 吧。住 三 天。
それでは すぐ 泊まる
それでは、ツインにします。三泊します。

Hǎo, zhè shì shàngwǎng de mìmǎ, nǐ huì cāozuò ba.
B：好，这 是 上网 的 密码，你 会 操作 吧。
よい　パスワード　できる　操作をする
かしこまりました。これはインターネットを使用する際のパスワードです。ご自分でできますね。

比較してみよう

1．～していない・～しなかった：没＋動詞

我 没 预约。
私は予約していない。

zuótiān lái
昨天 他 没来。
昨日彼は来なかった。

Tāmen hái chī wǔfàn
他们 还 没 吃 午饭。
彼らはまだ昼食を食べていない。

zǎofàn
我没吃早饭。
私は朝ごはんを食べなかった。

2．可能表現　～することができる・てもよい：能・可以・会＋動詞

zhèige
这个 房间 能 上网。
この部屋でインターネットを見ることができる。

wàn rìyuán huàn měiyuán
1万 日元 能 换 多少 美元？
一万円で何ドルに両替できるか。

［客観的な条件：ＬＡＮ設備などが取り付けられている。］

可以 免费 上网。
無料でネットを見てもよい。

zuò pángbiānr
我 可以 坐 你 旁边儿 吗？
隣に座ってもいいですか。

［許可：料金を支払わずに見ることを許可する。］

你 会 操作 吧。
あなたは操作できますね。

kāichē ne
我 会 开车。你 呢？
私は（車の）運転ができますが、あなたは（運転ができますか）？

［腕前・技能：操作方法を身に付けている。］

不能 上网。
ネットをすることができない。

［設備がないので、できない］

不可以・不能 免费 上网
無料でネットをしてはいけない。
ネットの無料使用はできない。／してはいけない。

［許可がないので、できない］

不会 操作
操作することができない。

［方法を勉強したことがないので、できない］

3．比較表現（肯定形）AはBより＋形容詞・数量：A比B＋形容詞・数量

标准间 比 单人间 贵。
ツインはシングルより高いです。

单人间 比 标准间 便宜。
シングルはツインより安いです。

标准间 比 单人间 贵 30元。
ツインはシングルより30元高い。

单人间 比 标准间 便宜 30元。
シングルはツインより30元安い。

4．比較表現（否定形）AはBほど・のように＋形容詞ではない：A没有B＋形容詞

标准间 没有 单人间 便宜
ツインはシングルほど安くない。

rénkǒu duō
日本 没有 中国 人口 多。
日本は中国のように人口が多くない。

5．継続時間＋動詞：動詞＋継続時間

住 三 天。
三日間泊まる。

xué liǎng nián
学 两 年。
２年間勉強する。

fēnzhōng
走五、六 分钟。
５、６分歩く。

lǚxíng xīngqī
旅行 一个星期。
一週間旅行する。

B

［文を読み、日本語に訳しなさい］

Nǐhǎo, wǒ méi yùyuē, yǒu méi yǒu kòng fángjiān?
A：你好，我 没 预约，有 没 有 空 房间？

Yǒu, nín xiǎng yào shénmeyàng de fángjiān?
B：有，您 想 要 什么样 的 房间？

Dānrén fángjiān, yào piányi de, néng shàngwǎng de.
A：单人 房间，要 便宜 的，能 上网 的。

Méiyǒu dānrénjiān, yǒu biāozhǔnjiān, liǎng zhāng chuáng.
B：没有 单人间，有 标准间，两 张 床。

Yì tiān duōshao qián? Bǐ dānrénjiān guì ba?
A：一 天 多少 钱？比 单人间 贵 吧？

Èrbǎijiǔshibā yuán bǐ dānrénjiān guì sìshibā yuán, búguò, kěyǐ miǎnfèi shàngwǎng.
B：298 元，比 单人间 贵 48 元，不过，可以 免费 上网。

Nà wǒ jiù zhù biāozhǔnjiān ba. Xiān zhù yī tiān, zài huàn dānrénjiān kěyǐ ma?
A：那 我 就 住 标准间 吧。先 住 一 天，再 换 单人间，可以 吗？

Kěyǐ, zhè shì shàngwǎng de mìmǎ, nǐ huì bu huì cāozuò?
B：可以，这 是 上网 的 密码，你 会 不 会 操作？

C

[次の文を中国語に訳し、読みなさい]

A：＿＿＿＿＿＿，＿＿＿＿＿＿＿＿＿＿＿，＿＿＿＿＿＿＿＿＿＿＿＿？
こんにちは。　予約をしていないのですが、　空いている部屋はありますか。

B：＿＿＿＿＿＿＿，＿＿＿＿＿＿＿＿＿＿＿＿？
ございます。　どのような部屋をご希望ですか。

A：＿＿＿＿＿＿＿＿，＿＿＿＿＿＿＿＿＿＿＿＿＿＿＿＿＿＿＿＿＿＿＿＿＿。
シングルルームで、　インターネットができる部屋をお願いします。

B：＿＿＿＿＿＿＿＿＿＿＿＿＿＿＿＿＿＿＿＿＿。＿＿＿＿＿＿＿＿＿＿＿。＿＿＿＿＿＿＿＿＿＿。
シングルルームは空いていません。　ツインならあります。　ベッドは2台あります。

A：＿＿＿＿＿＿＿＿＿？　＿＿＿＿＿＿＿＿＿＿＿＿？
一泊いくらですか。　シングルより高いですよね。

B：＿＿＿＿＿＿＿。＿＿＿＿＿＿＿＿＿＿＿＿＿＿＿，＿＿＿＿＿＿＿＿＿＿＿＿＿＿。
245元です。　シングルほど安くないですが、　インターネットは無料です。

A：＿＿＿＿＿＿＿＿＿＿＿＿＿＿＿＿＿＿＿，＿＿＿＿＿＿＿＿＿。
それでは、ツインにします。　2泊泊まります。

B：＿＿＿＿＿＿＿＿＿＿。＿＿＿＿＿＿＿＿＿＿＿＿＿＿＿＿＿＿＿＿＿＿＿。＿＿＿＿＿＿＿＿＿＿＿＿？
かしこまりました。　これはネットご使用の際のパスワードです。　ご自分でできますね。

D

［次の文を読みながら、ピンインを付けてみよう］

A：你好，我没预约，有没有空房间？

B：有，您想要什么样的房间？

A：单人房间，要便宜的，能上网的。

B：没有单人间，有标准间，两张床。

A：一天多少钱？比单人间贵吧？

B：298元，比单人间贵48元，不过，可以免费上网。

A：那我就住标准间吧。先住一天，再换单人间，可以吗？

B：可以，这是上网的密码，你会不会操作？

練習用補充語句

時間の言い方

(1) 年

yījiǔbā'èrnián	èrlínglínglíngnián	èrlínglíngwǔnián	èrlíngyīlíngnián	
1982年	2000年	2005年	2010年	
Dàzhèngwǔnián	Míngzhìshínián	Zhāohésìshiyīnián	Píngchéngèrshinián	Línghésānnián
大正5年	明治10年	昭和41年	平成20年	令和3年

(2) 月

yīyuè	èryuè	sānyuè	sìyuè	wǔyuè	liùyuè	qīyuè	bāyuè	jiǔyuè
一月	二月	三月	四月	五月	六月	七月	八月	九月
shíyuè	shíyīyuè	shí'èryuè	jǐyuè					
十月	十一月	十二月	几月					

(3) 日

yīhào rì	èrhào rì	sānhào rì	sìhào rì	wǔhào rì	shíhào rì
1号・日	2号・日	3号・日	4号・日	5号・日	10号・日
èrshihào rì	sānshiyīhào rì	jǐhào			
20号・日	31号・日	几号／何日			

(4) 曜日

xīngqīyī	xīngqī'èr	xīngqīsān	xīngqīsì	xīngqīwǔ	xīngqīliù
星期一	星期二	星期三	星期四	星期五	星期六
月曜日	火曜日	水曜日	木曜日	金曜日	土曜日
xīngqītiān rì	xīngqījǐ				
星期天・日	星期几				
日曜日	何曜日				

(5) 時刻

8：00	2：00	12：00	24：00	0：00
bādiǎn 八点	liǎngdiǎn 两点	shí'èrdiǎn 十二点	èrshisìdiǎn 二十四点	língdiǎn 零点
zhěng 八点整	èrdiǎn × 二点			

8：05	8：15	8：30	8：45	8：57
bādiǎnwǔfēn 八点五分	bādiǎnshíwǔ(fēn) 八点十五(分)	bādiǎnbàn 八点半	bādiǎnsìshiwǔ(fēn) 八点四十五(分)	bādiǎnwǔshiqī(fēn) 八点五十七(分)
líng 八点零五(分)	yíkè 八点一刻	sānshí(fēn) 八点三十(分)	sānkè 八点三刻	chāsānfēnjiǔdiǎn 差三分九点

(6) 時点

zǎoshang 早上／朝　shàngwǔ 上午／午前中　zhōngwǔ 中午／正午　xiàwǔ 下午／午後　bàngwǎn 傍晚／夕方　wǎnshang 晚上／晩

yèlǐ 夜里／夜　qiántiān·nián 前天・年／おととい　おととし　zuótiān·qùnián 昨天・去年／昨日・昨年

jīntiān·nián 今天・年／今日・今年　míngtiān·nián 明天・年／明日・来年　hòutiān·nián 后天・年／あさって・再来年　něinián 哪年／何年

shàng(ge)xīngqī·yuè 上(个)星期・月／先週・先月　zhèi(ge)xīngqī·yuè 这(个)星期・月／今週・今月

xià(ge)xīngqī·yuè 下(个)星期・月／来週・来月

(7) 期間

tiān·nián ～天・年／～日間・年（間）　ge xīngqī·yuè ～个星期・月／～週間・月間　gexiǎoshí ～(个)小时／～時間

fēn ～分／～分間

jǐtiān·nián 几天・年／何日間・年間　jǐge xīngqī·yuè 几个星期・月／何週間・ヵ月　jǐge xiǎoshí 几(个)小时／何時間

jǐfēn 几分／何分間

練　習

応用練習

1．ホテルのフロントで中国語で空室があるかどうかを聞き、その答えも完成しなさい。

2．中国語でシングルルームの料金を聞き、その答えも完成しなさい。

3．中国語でインターネットが使えるかどうかを聞き、その答えも完成しなさい。

4．中国語でどのタイプの部屋に宿泊したく、また何泊することを言いなさい。

5．次の会話を完成しなさい。

(1) a：______________________?

b：对不起，现在没有标准间，只(zhǐ)有单人房间。

(2) a：______________________?

b：单人间一天198元，能上网。

(3) a：请问，三人房间比标准间贵多少钱？

b：________________________。

(4) a：请问，标准间一天多少钱？

b：________________________。

6．（　　）に適当な語を入れ、文を読んで、日本語に訳しなさい。

(1) 今天（　　　）昨天冷。
lěng

(2) 他（　　　）说汉语，也（　　　）说英语。
shuōHànyǔ　Yīngyǔ

(3) 他们大学（　　　）我们大学学生多。
dàxué　xuésheng duō

(4) 我的手机（　　　）上网，你的（　　　）不（　　　）？
shǒujī
携帯電話

7．間違ったところを訂正しなさい。

(1) 请问，你想儿天住？

(2) 我不可以操作电脑。
cāozuò diànnǎo

(3) 单人房间标准间比便宜45元。

(4) 星期二星期一没有忙。
máng
火曜日は月曜日ほど忙しくない。

検定用練習

1．(1)(2)の中国語の正しいピンイン表記を、①～④の中から１つ選びなさい。

【中国語検定試験準４級レベル問題】

(1) 预约　①yùyuē　②yàoyā　③yòuyuē　④yùyā

(2) 免费　①mǐnhèi　②miǎnfèi　③miānféi　④mǐnfèi

2．(1)(2)の日本語の意味になるように空欄を埋めるとき、最も適当なものを、①～④の中から１つ選びなさい。

【中国語検定試験準４級レベル問題】

(1) 予約をしていないですが、シングルルームがありますか。

我（　　　）预约，有单人房间吗？

①不　②不要　③没　④不用

(2) どんな部屋がいいですか。

您想要（　　　）的房间？

①什么　②怎么　③什么样　④怎么样

3．次の日本語の下線部を中国語に訳し、漢字（簡体字）で書きなさい。

【中国語検定試験準４級レベル問題】

(1) 予約する。　(2) インターネットを見る。

(3) 簡単な文章。　　(4) 空き部屋。

4．下の日本語の意味になるようにそれぞれ①～④を並べ替えたときに、[　　] 内に入るものを選びなさい。　【中国語検定試験４級レベル問題】

(1) ツインルームはシングルルームより50元高い。

双人房间 ________ ________ [　　] ________。

①单人房间　②50元　③比　④贵

(2) インターネットのパスワードを教えて宜しいですか。

________ [　　] ________ ________ 吗?

①上网的密码　②我　③告诉　④可以

5．次の日本語の意味に合う中国語を、①～④の中から１つ選びなさい。

【中国語検定試験４級レベル問題】

(1) 今日は昨日ほど暑くない。

①今天没有昨天热。
②昨天没有热今天。
③今天昨天热没有。
④昨天没有今天热。

(2) 私は一年間中国語を勉強した。

①我学了一年汉语。
②我学了汉语一年。
③我一年学了汉语。
④我一年汉语学了。

復習確認のページ

下記の表を完成しなさい
（空白に適当な語、語句を埋めなさい。中国語の場合はピンインも付けること。）

単語	宿泊関係	日	空き部屋	ツインルーム	シングルルーム					
		中				zhù 住	一天	床	免费	上网
	可能表現	日	インターネットを使える環境である。	インターネットを無料で使用してもよい。	インターネットの使い方がわかる。					
		中								
文型	比較文	日	1人部屋はツインより安い。	ツインは1人部屋より35元高い。	中国語は英語ほど難しくない。					
		中								
	動作継続時間	日	私はこのホテルに一週間泊まる。	私は2年間留学するつもりです。						
		中								
用法	宿泊際の会話	日	こんにちは。予約してないですが、空いている部屋がありますか。	どんな部屋がいいですか。						
		中								
		日	無料でインターネットが見られるシングルルームがほしいです。							
		中								
		日	シングルルームがないが、ツインでもいいですか。	一泊いくらですか。						
		中								
		日	それでは、金曜日から日曜日まで、まず3泊泊まり、その後ツインに変えます。							
		中								
		日	これはインターネットのパスワードです。見る方法がわかりますか。							
		中								

dì kè Chīfàn
第10课　吃饭（食事）

第10課で学ぶ表現	
	1. ～してくれる・あげる　给
	2. （見て・聞いて）わかる・わからない　～懂
	3. 経験：～したことがある・～したことがない　～过・没～过
	4. 変化：～ようになった・完了：～した　～了・～了

A

Huānyíng guānglín, nín chī diǎnr shénme, gěi nín càidān.
A：欢迎　光临，您　吃　点儿　什么，给　您　菜单。
歓迎する　おいでになる　食べる　少し　何　あげる　メニュー
いらっしゃいませ。何になさいますか、メニューをどうぞ。

Duìbuqǐ, wǒ kàn bu dǒng, nǐ gěi wǒ jièshào yíxià ba.
B：对不起，我　看　不　懂，你　给　我　介绍　一下　吧。
すみません　見る　ない　分かる　～にしてくれる　紹介する　ちょっと　～しょう
すみません。見ても分かりませんので、ちょっと紹介してくれませんか。

Hǎo, wǒ gěi nín jièshào yíxià. Zhè shì bōluó jīdīng,
A：好，我　给　您　介绍　一下。这　是　菠萝　鸡丁，
パイン　鶏のさいの目切り

shì wǒmen diàn de náshǒucài, fēicháng hǎochī.
是　我们　店　的　拿手菜，非常　好吃。
得意料理　おいしい
かしこまりました、お勧めはこちらのパイナップルと角切り鶏肉の炒めです、当店の得意料理で、とてもおいしいですよ。

Nà jiù lái yíge ba. Zài lái èr liǎng shuǐjiǎor、yìpíng píjiǔ.
B：那　就　来　一个　吧。再　来　二　两　水饺儿、一瓶　啤酒。
それでは　すぐ　下さい　一個　～しょう　また　下さい　100グラム　水餃子　一瓶　ビール
ではそれにしましょう。それと水餃子を100 g、ビールを一本下さい。

Píjiǔ yǒu Qiāngdǎo hé Xuěhuā liǎng zhǒng, nín yào něi zhǒng?
A：啤酒　有　青岛　和　雪花　两　种，您　要　哪　种？
ビール　ある　青島　と　雪花　2　種類　要る　どの　種類
ビールは青島と雪花がございますが、どちらにしましょうか。

Wǒ hē guo Qiāngdǎo píjiǔ, méi hé guo Xuěhuā píjiǔ. Hǎohē ma?
B：我　喝　过　青岛　啤酒，没　喝　过　雪花　啤酒。好喝　吗？
飲む　～したことがある　～したことがない　（飲み物が）おいしい
青島ビールは飲んだことがありますが、雪花ビールはまだです。おいしいですか。

Hěn hǎohē. Nín lái yìpíng ba. Hái yào biéde ma?
A：很　好喝。您　来　一瓶　吧。还　要　别的　吗？
とても　もらう　また　ほかの
とてもおいしいですよ。ぜひお試しください。ご注文は以上でよろしいでしょうか。

Búyào biéde le. Wǒ chīwán le, qǐng mǎidān. Yígòng duōshaoqián?
B：不要 别的 了。……我 吃完 了，请 买单。一共 多少钱？
要らない ～ようになった 食べ終わる ～した 勘定する 全部で いくら
はい、それで結構です。すみません、お勘定をお願いします。おいくらですか？

比較してみよう

1．～してくれる・あげる：给＋対象＋動詞

你 给 我 介绍 一下 吧。
（あなたが）私にちょっと紹介してください。

我 给 您 介绍 一下。
（私は）あなたにちょっと紹介してあげる。

péngyou dǎ diànhuà
朋友 给 我 打 电话。
友達は私に電話してくれる。

Tiánzhōng fā duǎnxìn
我 给 田中 发 短信。
私は田中君に携帯メールを送る（送ってあげる）。

2．複合動詞：～し＋終わる・～を見て・読んで・聞いて＋わかる・わからない：補語

bǎo
吃完 吃饱
食べ終わる（食べて腹がいっぱいになる）
腹いっぱいに食べる

zuòwán le zuòyè
我 做完 了 作业，她 没 做完。
私は宿題をし終わったが、彼女はまだです。
（まだし終わっていない。）

liǎo buliǎo
吃了・吃不了
食べきれる・きれない

zuòhǎo
做好・做不好
し終わる・終わらない

看懂・看不懂
（見て）わかる・わからない

tīngdǒng
听懂・听不懂
（聴いて）わかる・わからない

Rìwén
他 看不懂 日文。
彼は日本語が読めない。

Fǎyǔ
我 听不懂 法语。
私はフランスが聴き取れない。

xìn
我 没看懂 他 的 信。
私は彼の手紙を読んでも分からなかった。

huà
他 没听懂 你 的 话。
彼はあなたの話を理解していない。

3．経験 ～したことがある・～したことがない：動詞＋过・没＋動詞＋过

我 吃过 菠萝鸡丁。
私はパイナップルと鶏肉の炒め料理を食べたことがある。

qù Měiguó
你 去过 美国 吗？
あなたはアメリカに行ったことがあるか。

xué huáxuě
我 没 学过 滑雪。
私はスキーを習ったことがない。

他 也 没 喝过 青岛啤酒。
彼も青島ビールを飲んだことがない。

4．完了　～した・～してしまった：動詞＋了

我 吃完 了。　他 喝了 一瓶 啤酒。

私は食べ終わった。　彼はビールを一本飲んだ。

bànnián Hànyǔ

我们 学 了 半年 汉语。

私達は半年中国語を勉強した。

huànle sān wàn rìyuán

他 换了 3 万 日元。

彼は３万円を両替した。

×昨天很冷了。　○昨天很冷。

昨日は寒かった。

×他去年没去中国了。　○他去年没去中国。

彼は去年中国に行かなかった。

5．変化　～ようになった：文＋了

Jīntiān lěng le

今天 冷 了。

今日は寒くなった。

Diànnǎo bǐ yǐqián piányi le.

电脑 比 以前 便宜 了。

パソコンは以前より安くなった。

我们 学了 半年 汉语 了。

私達は半年中国語を勉強している。

（私達は半年中国語を勉強することになった。）

不 要 别的 了。

もう結構です。

（ほかのものは要らないことになった。）

B

[文を読み、日本語に訳しなさい]

Huānyíng guānglín, nín chī diǎnr shénme, gěi nín càidān.
A：欢迎 光临，您 吃 点儿 什么，给 您 菜单。

Duìbuqǐ, wǒ kàn bu dǒng, nǐ gěi wǒ jièshào yíxià ba.
B：对不起，我 看 不 懂，你 给 我 介绍 一下 吧。

Hǎo, wǒ gěi nín jièshào yíxià. Zhè shì qīngjiāo ròusi shì wǒmen diàn de
A：好，我 给 您 介绍 一下。这 是 青椒 肉丝，是 我们 店 的
チンジャオロースー

---

náshǒucài, fēicháng hǎochī.
拿手菜，非常 好吃。

Nà jiù lái yíge ba. Zài lái shí ge xiǎolóngbāo yì bēi chá.
B：那 就 来 一个 吧。再 来 十 个 小笼包、一 杯 茶。
しょうろんぽう

Chá yǒu wūlóngchá hé pǔ'ěrchá liǎng zhǒng, nín yào něi zhǒng?
A：茶 有 乌龙茶 和 普洱茶 两 种，您 要 哪 种？
プアール茶

Wǒ hē guo wūlóngchá méi hé guo pǔ'ěrchá. Hǎohē ma?
B：我 喝 过 乌龙茶，没 喝 过 普洱茶。好喝 吗？

Hěn hǎohē. Nín lái yìbēi ba. Hái yào biéde ma?
A：很 好喝。您 来 一杯 吧。还 要 别的 吗？

Búyào biéde le. Wǒ chīwán le, Qǐng mǎidān. Yígòng duōshaoqián?
B：不要 别的 了。……我 吃完 了，请 买单。一共 多少钱？

C

[次の文を中国語に訳し、読みなさい]

A：＿＿＿＿＿＿＿＿，＿＿＿＿＿＿＿＿＿＿，＿＿＿＿＿＿＿＿＿＿。
いらっしゃいませ。　何になさいますか、　メニューをどうぞ。

B：＿＿＿＿＿＿＿，＿＿＿＿＿＿＿＿＿＿，＿＿＿＿＿＿＿＿＿＿＿＿。
すみません。　見ても分かりませんので、　ちょっと紹介してくれませんか。

A：＿＿＿＿＿＿，＿＿＿＿＿＿。＿＿＿＿＿＿＿＿＿＿＿＿＿＿＿＿＿＿，
かしこまりました。ご紹介いたします。これはチンジャオロースーで、当店の得意料理で、

＿＿＿＿＿＿＿＿＿＿。
とてもおいしいですよ。

B：＿＿＿＿＿＿＿＿＿＿。＿＿＿＿＿＿＿＿＿＿＿＿＿＿＿＿＿＿＿＿。
ではそれにしましょう。　それと水餃子を150ｇ、ビールを一本ください。

A：＿＿＿＿＿＿＿＿＿＿＿＿＿＿，＿＿＿＿＿＿＿＿＿＿。
ビールは青島と北京がございますが、　どちらにしましょうか。

B：＿＿＿＿＿＿＿＿＿＿＿＿＿，＿＿＿＿＿＿＿＿＿。＿＿＿＿＿＿＿？
青島ビールは飲んだことがありますが、北京ビールはまだです。　おいしいですか。

A：＿＿＿＿＿＿＿＿＿＿。＿＿＿＿＿＿＿＿＿＿。＿＿＿＿＿＿＿＿＿＿＿＿？
とてもおいしいですよ。　ぜひお試しください。　ご注文は以上でよろしいでしょうか。

B：＿＿＿＿＿＿＿＿＿＿。……＿＿＿＿＿＿。＿＿＿＿＿＿＿＿＿＿。＿＿＿＿＿＿＿？
はい、それで結構です。　すみません、　お勘定をお願いします。　おいくらですか？

D

［ピンインを付けて読んでみてください］

A：欢迎光临，您吃点儿什么，给您菜单。

B：对不起，我看不懂，你给我介绍一下吧。

A：好，我给您介绍一下。这是青椒肉丝，是我们店的拿手菜，非常好吃。

B：那就来一个吧。再来十个小笼包、一杯茶。

A：茶有乌龙茶和普洱茶两种，您要哪种？

B：我喝过乌龙茶，没喝过普洱茶。好喝吗？

A：很好喝。您来一杯吧。还要别的吗？

B：不要别的了。……我吃完了，请买单。一共多少钱？

練習用補充語句

食べ物・飲み物など

(1) 野菜・蔬菜(shūcài)

báicài	luóbo	húluóbo	yuáncōng·yángcōng	juǎnxīncài	bōcài	tǔdòu	qīngjiāo	qiézi
白菜	萝卜	胡萝卜	元葱・洋葱	卷心菜	菠菜	土豆	青椒	茄子
白菜	大根	ニンジン	玉ねぎ	キャベツ	ほうれん草	ジャガイモ	ピーマン	茄子

dàcōng	lúsǔn	dàsuàn	làjiāo	gānshǔ	huācài	dòuyár	huánggua	nánguā
大葱	芦笋	大蒜	辣椒	甘薯	花菜	豆芽儿	黄瓜	南瓜
ネギ	アスパラ	にんにく	唐辛子	さつまいも	カリフラワー	モヤシ	キュウリ	カボチャ

yóucài	xīhóngshì	jiǔcài	dòujiǎo	jiāng
油菜	西红柿	韭菜	豆角	姜
チンゲン菜	トマト	ニラ	インゲン豆	ショウガ

(2) 果物・水果(shuǐguǒ)

píngguǒ	júzi	xiāngjiāo	lí	cǎoméi	pútaor	tiánguā	xīguā	táor	míhóutáo	shìzi
苹果	橘子	香蕉	梨	草莓	葡萄儿	甜瓜	西瓜	桃儿	猕猴桃	柿子
リンゴ	ミカン	バナナ	梨	いちご	ブドウ	メロン	西瓜	桃	キュウイフルーツ	柿

dàyīngtao	wúhuāguǒ
大樱桃	无花果
アメリカチェリー	イチジク

(3) 肉、卵、魚・肉(ròu)、蛋(dàn)、鱼(yú)

zhūròu	niúròu	jīròu	jīdàn	diāoyú	jīnqiāngyú	shādīngyú	qiūdāoyú	mòyú	zhāngyú	mányú
猪肉	牛肉	鸡肉	鸡蛋	鲷鱼	金枪鱼	沙丁鱼	秋刀鱼	墨鱼	章鱼	鳗鱼
豚肉	牛肉	鶏肉	卵	鯛	マグロ	イワシ	さんま	イカ	タコ	ウナギ

hétúnyú
河豚鱼
フグ

(4) 飲み物・饮料

hóngchá	huāchá	kāfēi	kělè	qìshuǐr	qīngjiǔ	báijiǔ	huángjiǔ·lǎojiǔ	xiāngbīnjiǔ
红茶	花茶	咖啡	可乐	汽水儿	清酒	白酒	黄酒・老酒	香槟酒
紅茶	ジャスミンティー	コーヒー	コーラ	サイダー	日本酒	蒸留酒	紹興酒	シャンパン

shāojiǔ	jīwěijiǔ
烧酒	鸡尾酒
焼酎	カクテル

niúnǎi	suānnǎi	shūcàizhī	kuàngquánshuǐ	bīngjīlíng	yùmǐzhōu	jiàngtāng
牛奶	酸奶	蔬菜汁	矿泉水	冰激凌	玉米粥	酱汤
牛乳	ヨーグルト	野菜ジュース	ミネラルウォーター	アイスクリーム	コーンスープ	味噌汁

guǒzhī	tāng
果汁	汤
ジュース	スープ

zhǔshí cài
(5) 料理・主食、菜

mǐfàn	chǎofàn	miàntiáor	qiáomàimiàntiáor	chǎomiàn	fāngbiànmiàn	lāmiàn	bāozi
米饭	炒饭	面条儿	荞麦面条儿	炒面	方便面	拉面	包子
ライス	チャーハン	麺類	蕎麦	焼きそば	インスタントラーメン	ラーメン	肉まん

hànbǎobāo	mántou
汉堡包	馒头
ハンバーガ	蒸しパン

miànbāo	shòusī	dàngāo	niúròufàn	zhāngyúxiǎowánzi	shēngyúpiàn	jīsùshāo	kǎojīchuànr	huǒguō
面包	寿司	蛋糕	牛肉饭	章鱼小丸子	生鱼片	鸡素烧	烤鸡串儿	火锅
パン	お寿司	ケーキ	牛丼	たこ焼	刺身	すき焼き	焼き鳥	鍋料理

xiāngcháng	guāndōngzhǔ
香肠	关东煮
ソーセージ	おでん

mápódòufu	xìngréndòufu	sānmíngzhì	bǐsàbǐng	píngguǒpài	zhájī	zháshǔtiáo
麻婆豆腐	杏仁豆腐	三明治	比萨饼	苹果派	炸鸡	炸薯条
マーボー豆腐	杏仁豆腐	サンドイッチ	ピザ	アップルパイ	フライドチキン	フライドポテト

kuàicān	zìzhùcān
快餐	自助餐
ファーストフード	バイキング

tiáowèipǐn
(6) 調味料等・调味品

yán	jiàngyóu	jiàng	cù	táng	liàojiǔ	hújiāo	huājiāo	xiāngyóu	làyóu	zhīma	hǎidài	zǐcài
盐	酱油	酱	醋	糖	料酒	胡椒	花椒	香油	辣油	芝麻	海带	紫菜
塩	醬油	味噌	酢	砂糖	料理酒	コショウ	サンショウ	ごま油	ラー油	ゴマ	昆布	海苔

xiáncài
咸菜
漬物

練　習

応用練習

1. 中国のレストランで日本語のメニューがあるかどうかを聞き、その答えも完成しなさい。

2. 中国語のメニューがわからないとき、料理の紹介をお願いし、その答えも完成しなさい。

3. 中国語で食べ物と飲み物を1種類ずつ注文しなさい。

4. 次の会話を完成しなさい。

(1) a：＿＿＿＿＿＿＿＿＿＿＿＿＿＿＿＿？

b：好吧，我给您介绍一下。

(2) a：＿＿＿＿＿＿＿＿＿＿＿＿＿＿＿＿？

b：这是我们店的拿手菜，非常好吃。

(3) a：＿＿＿＿＿＿＿＿＿＿＿＿＿＿？

b：有中国的白酒和日本酒，您要哪种？

(4) a：＿＿＿＿＿＿＿＿＿＿＿＿＿＿？

b：请等一下。一共78元。

5．（　　）に適当な語を入れ、文を読んで、日本語に訳しなさい。

(1) 对不起，我没听（méitīng）（　　　），请再说一遍（zàishuōyíbiàn：もう一度言ってください）。

(2) 饺子很（　　　），青岛啤酒也很（　　　）。

(3) a：你吃（　　　）越南菜（Yuènán：ベトナム）吗？　b：我（　　　）吃（　　　）。

(4) 我吃（　　　）一盘（pán：皿）炒面，喝（　　　）一杯日本茶。

6．間違ったところを訂正しなさい。

(1) 请一个菠萝鸡丁来。再一瓶啤酒来。

(2) 对不起，我不能看菜单（メニューが分からない），请给我一下介绍。

(3) 昨天我在食堂（shítáng）吃了中国菜，很好吃了。

(4) 我喝过韩国（Hánguó）的啤酒，不喝中国的啤酒（中国のビールを飲んだことがない）。

検定用練習

1．(1)(2)の中国語の正しいピンイン表記を、①～④の中から１つ選びなさい。

【中国語検定試験準４級レベル問題】

(1) 菜单　　①càidān　②sàitān　③càitān　④sàidān

(2) 啤酒　　①bíjiǔ　②píjiǔ　③bíxiǔ　④píxiǔ

2．(1)(2)の日本語の意味になるように空欄を埋めるとき、最も適当なものを、①～④の中から１つ選びなさい。

【中国語検定試験準４級レベル問題】

(1) 私は中国のお茶を飲んだことがありません。

我没喝（　　　）中国的茶。

①了　②着　③过　④完

(2) ご勘定お願いします。全部でいくらですか。

请买单。（　　　）多少钱？

①都　②一共　③全　④一起

3．次の日本語の下線部を中国語に訳し、漢字（簡体字）で書きなさい。

【中国語検定試験準４級レベル問題】

(1) 紹介する。　(2) 島に行く。

(3) 鶏肉を食べる。　(4) ウーロン茶を飲む。

4．下の日本語の意味になるようにそれぞれ①～④を並べ替えたときに、［　］内に入るものを選びなさい。

【中国語検定試験４級レベル問題】

(1) ご紹介させていただきます。

我 ＿＿＿＿［　］＿＿＿＿ ＿＿＿＿。

①您　②给　③一下　④介绍

(2) この料理はとてもおいしいです。是非味わってみてください。

这个菜很好吃，＿＿＿＿［　］＿＿＿＿ ＿＿＿＿

①尝尝（chángchang 味わう）　②你　③请　④一定

5．次の日本語の意味に合う中国語を、①～④の中から１つ選びなさい。

【中国語検定試験４級レベル問題】

(1) 彼は中国語を話すのがあまり上手ではない。

①他不太说汉语说得好。

②他说汉语说得不太好。

③他说汉语不说得太好。

④他不太好说汉语说得。

(2) わたしはあなたに本を１冊プレゼントします。

①我送给一本书你。

②我送你给一本书。

③我一本书送你给。

④我送给你一本书。

復習確認のページ

下記の表を完成しなさい
（空白に適当な語、語句を埋めなさい。中国語の場合はピンインも付けること。）

単語	食事関係	日	メニュー	得意料理	～を下さい			
		中				hǎochī 好吃	好喝	吃完	买单
	経験完了	日	雪花ビールを飲んだことがある	パイン鶏肉炒めを食べたことがない				
		中			我吃了很多水饺。			
文型	授受関係文	日	メニューを紹介してください	うちの店の得意料理をご紹介致します。				
		中			shuōmíng 请给他们说明一下。			
用法	複合動詞	日						
		中	看懂・看不懂	听懂・听不懂	吃完・没吃完	做好・没做好・做不好		
	注文勘定	日	この料理はおいしいですか。	このお茶はおいしいですか。	この料理はいくらですか。			
		中	zhèige cài 这个 菜					
			メニューを下さい。	マーボー豆腐～を下さい。	青島ビールを２本下さい。			
		中						
		日	勘定をお願いします。	全部でいくらですか。				
		中						

dì kè Mǎidōngxi

第11课　买东西（買い物をする）

第11課で学ぶ表現	1．遠指・近指：その～／あの～・この　那～・这～ 2．自信のある推測：～はずです　会・不会～ 3．望ましい「ちょっと～」：ちょっと形容詞　形容词＋(一)点儿 4．望ましくない「ちょっと～」：ちょっと形容詞　有点儿＋形容词

A

Nínhǎo Qǐng gěi wǒ ná nèijiàn yǔróngfú kànkan
A：您好！请 给 我 拿 那件 羽绒服 看看。
取る　あの　ダウンジャケット

こんにちは。あのダウンジャケットを見せてください。

Shì zhèijiàn hóngsè de ma Nín yào duōdà de
B：是 这件 红色 的 吗？您 要 多大 的？
この　赤色　どのサイズ

こちらの赤いものでよろしいですか。どのサイズがよろしいでしょうか。

Duì jiù shì nèijiàn yào xiǎohào de
A：对，就 是 那件，要 小号 的。
ほかでもなく

はい、それです。Ｓサイズをお願いします。

Duìbuqǐ xiǎohào de màiméi le zhǐ shèng zhōnghào de hé dàhào de le
B：对不起，小号 的 卖没 了，只 剩 中号 的 和 大号 的 了。
売り切れる　だけ　残る

申し訳ございません。Ｓサイズは売り切れです。ＭとＬしかありません。

Shì ma Nà Bié de yánsè Yǒu méiyǒu xiǎohào de
A：是 吗？那 别 的 颜色 呢？有 没有 小号 的？
ほかの　色

そうですか、では他の色は？Ｓサイズがありますか？

Nín de shēngāo zhōnghào de yě bú huì dà Nín chuānchuan shìshi
B：也 没有。您 的 身高，中号 的 也 不 会 大。您 穿穿 试试 怎么样？
身長　はず　着る　試す

他の色もありません。お客様の身長であればＭサイズでも大丈夫かと思いますが。試着されてみませんか？

Xiùzi yǒudiǎnr cháng shāo duǎn yìdiǎnr jiù hǎo le
A：好 吧，我 试试。袖子 有点儿 长，稍 短 一点儿 就 好 了。
ちょっと　ちょっと　ならば～よい

Duōshao qián
多少 钱?
いくら

分かりました、ちょっと着てみましょう。袖が少し長いですね、もうちょっと短ければちょうどいいのに。おいくらですか。

yuán yíjiàn shì zhēnsī de shìyàng
B：325元 一件，是 真丝 的，面料 和 式样 都 很 受 欢迎。
シルク 生地 デザイン 人気がある

325元です。シルク製です、生地、デザインとも人気があります。

piányi diǎnr kěyǐ ma
A：有点儿 贵，便宜 点儿，可以 吗?
高い 安い

ちょっと高いですね。少し安くしてくれませんか。

Jiǎn kuài yuán ba
B：减 25块，300元 吧。
値下げする

25元値引きして、300元にしましょう。

Hǎo ba Wǒ mǎi yī jiàn Néng yòng xìnyòngkǎ ba
A：好 吧。我 买 一 件。能 用 信用卡 吧?
クレジットカード

いいでしょう。お願いします。クレジットカード使えますね。

比較してみよう

1．近指・遠指　この～／その・あの：这～／那～

Zhèi jiàn shì zhōnghào de nèi jiàn shì dàhào de
这 件 是 中号 的，那 件 是 大号 的。
これはMサイズで、それはLサイズです。

Wǒ xiān kàn zhèi běn yǐhòu zài kàn nèi běn
我 先 看 这 本，以后 再 看 那 本。
私はまずこの本を読んで、後はあの本を読む

2．自信・根拠のある推測　～はずです：会・不会～

Tā xǐhuan kàn bàngqiú jīntiān de bǐsài yídìng huì lái
他 喜欢 看 棒球，今天 的 比赛 一定 会 来。
彼は野球が好きで、今日の試合にきっと来るはずだ。

Tiānqì zhème hǎo míngtiān bú huì xià yǔ de
天气 这么 好，明天 不 会 下雨 的。
天気はこんなによく、明日は雨が降らないはずだ。

3．望ましい「ちょっと」　ちょっと形容詞：形容词＋（一）点儿

Shídiǎn jíhé tài wǎn le zǎodiǎnr ba Jiǔ diǎn bàn zěnmeyàng
十点 集合 太 晚 了，早点儿 吧。九 点 半 怎么样？
十時に集合して遅すぎ、少し早くしよう。九時半はどうですか。

de zhǐ néng bǎocún hěn shǎo de wénjiàn mǎi dàdiǎnr de ba
1G的USB只 能 保存 很 少 的 文件，买 大点儿 的 吧。
1GのUSBは少量のファイルしか保存できず、少し大きなものを買いましょう。

4．望ましくない「ちょっと」　ちょっと形容詞：有点儿＋形容词

Zuótiān dù hěn shūfu jīntiān yǒudiǎnr rè
昨天23度，很 舒服，今天 有点儿 热。
昨日は23℃で、気持ちよかったです。今日はちょっと暑いです。

Zhèige cài yǒudiǎnr xián
这个 菜 有点儿 咸。
この料理は少し塩辛い。

B

[文を読み、日本語に訳しなさい]

Nínhǎo Qǐng gěi wǒ ná nèijiàn dàyī kànkan
A：您好！请 给 我 拿 那件 大衣 看看。

Shì zhèi jiàn lánsè de ma Nín yào duōdà de
B：是 这 件 蓝色 的 吗？您 要 多大 的？

Bù bú shì lánsè de shì nèi jiàn hóngsè de Yào zhōnghào de
A：不，不 是 蓝色 的，是 那 件 红色 的。要 中号 的。

Duìbuqǐ zhōnghào de màiméi le zhǐ shèng xiǎohào de hé dàhào de le
B：对不起，中号 的 卖没 了，只 剩 小号 的 和 大号 的 了。

Shì ma Nā bié de yánsè yǒu méiyǒu zhōnghào de
A：是 吗？那 别 的 颜色 呢？有 没有 中号 的？

Lǜsè de yǒu Nín de tǐxíng xiǎoháo de yě bú huì Nínchuānchuan shìshi
B：绿色 的 有。您 的 体型 小号 的 也 不 会 小。您 穿穿 试试

zěnmeyàng
怎么样？

Hǎo ba wǒ shìshì Yǒudiǎnr cháng duǎn yìdiǎnr jiù hǎo le Duōshao qián
A：好 吧，我 试试。有点儿 长，短 一点儿 就 好 了。多少 钱？

---

yuán yíjiàn shì chúnmián de miànliào hé shìyàng dōu hěn shòu huānyíng
B：158 元 一件，是 纯棉 的，面料 和 式样 都 很 受 欢迎。

Yǒudiǎnr guì piányi diǎnr ma
A：有点儿 贵，能 便宜 点儿 吗？

Jiǎn kuài yuán ba
B：减 8块，150元 吧。

Hǎo ba Wǒ mǎi yì jiàn Néng yòng xìnyòngkǎ ba
A：好 吧。我 买 一 件。能 用 信用卡 吧？

C

「中国語に訳してから読みなさい」

A：こんにちは。あのダウンジャケットを見せてください。

B：こちらのブルーのものでよろしいですか。どのサイズがよろしいでしょうか。

A：はい、それです。Sサイズをお願いします。

B：申し訳ございません、Sサイズは売り切れです、MとLしかありません。

A：そうですか、では他の色は？Sサイズがありますか。

B：他の色もありません。お客様の身長であればMサイズでも大丈夫かと思いますが。試着されてみませんか。

A：分かりました、ちょっと着てみましょう。袖が少し長いですね、もうちょっと短かければちょうどいいのに。おいくらですか。

B：325元です。シルク製です、生地、デザインとも人気があります。

A：ちょっと高いですね。少し安くしてくれませんか。

B：25元値引きして、300元にしましょう。

A：いいでしょう。お願いします。クレジットカード使えますね。

D

［ピンインを付けて読んでみてください］

A：您好！请给我拿那件旗袍看看。

B：是这件蓝色的吗？您要多大的？

A：不，不是蓝色的，是那件红色的。要中号的。

B：对不起，中号的卖没了，只剩小号的和大号的了。

A：是吗？那别的颜色呢？有没有中号的？

B：绿色的有。您的体型小号的也不会小。您穿穿试试怎么样？

A：好吧，我试试。有点儿大，小一点儿就好了。多少钱？

B：158元一件，是纯棉的，面料和样子都很受欢迎。

A：有点儿贵，能便宜点儿吗？

B：减8块，150元吧。

A：好吧。我买一件。能用信用卡吧？

練習用補充語句

（1） 衣類：服装类（fúzhuānglèi）

dàyī	fēngyī	shàngyī	xīzhuāng	xīfú	jiákè	yùndòngfú	qípáo	
大衣	风衣	上衣	西装	西服	夹克	运动服	旗袍	
コート	スプリングコート	上着	スーツ	スーツ	ジャケット	スポーツウエア	チャイナドレス	
máoyī	yángmáoshān	héfú	chènshān	xùshān	mǎjiǎ	xiànyī	kùzi	qúnzi
毛衣	羊毛衫	和服	衬衫	T 恤衫	马甲	线衣	裤子	裙子
セーター	カーディガン	和服	ワイシャツ	T シャツ	チョッキ	メリヤスのシャツ	ズボン	スカート
chāoduǎnqún	liányīqún	niúzǎikù	xiànkù	duǎnkù	nèiyī	nèikù	bèixīn	
超短裙	连衣裙	牛仔裤	线裤	短裤	内衣	内裤	背心	
ミニスカート	ワンピース	ジーパ	メリヤスのズボン	半ズボン	肌シャツ	ズボン下	ランニングシャツ	

xiōngzhào	shuìyī	lǐngdài	lǐngdàijiázhēn	wéijīn	shājīn	màozi	kǒuzhào	xié	píxié
胸罩	睡衣	领带	领带夹针	围巾	纱巾	帽子	口罩	鞋	皮鞋
ブラジャー	パジャマ	ネクタイ	ネクタイピン	スカーフ	紗のスカーフ	帽子	マスク	靴	革靴
yùndòngxié	wǎngqiúxié	lǚyóuxié	xuēzi	liángxié	tuōxié	wàzi	shǒutào		
运动鞋	网球鞋	旅游鞋	靴子	凉鞋	拖鞋	袜子	手套		
スポーツシューズ	スニーカー	ハイキングシューズ	長靴	サンダル	スリッパ	靴下	手袋		

2．色：颜色（yánsè）

hēi	bái	hóng	huáng	mǐsè	lǜ	lán	zǐ	fěnhóng	kāfēisè
黑	白	红	黄	米色	绿	蓝	紫	粉红	咖啡色
黒い	白い	赤い	黄色い	ベージュ	緑	青い	紫	ピンク	コーヒー色

3．サイズ・数え方：规格・量词（guīgé liàngcí）

xiǎohào	zhōnghào	dàhào	tèdàhào	gōngfēn	jiàn	tiáo	shuāng	fù	zhī
小号	中号	大号	特大号	公分	・件	条	双	副	只
S	M	L	LL	センチ	・着	本	足	組	片方の

4．生地・面料（miànliào）

mián	máo	má	huàxiān	sīchóu	hùnfǎng	nílóng	bǐngxī	niúpí	zhūpí	rénzàogé
棉	毛	麻	化纤	丝绸	混纺	尼龙	丙烯	牛皮	猪皮	人造革
綿	ウール	麻	化学繊維	シルク	混紡	ナイロン	アクリル	牛革	豚皮	レザー

5．ショッピング用語・购物 用语（gòuwù yòngyǔ）

Huānyíngguānglín	Nínxiǎngmǎishénme	Níndǎsuanmǎiduōshaoqiánde	yǒudeshì
欢迎光临	您想买什么？	您打算买多少钱的？	有的是
いらっしゃいませ	何がお要りようですか。	ご予算はいくらですか。	いくらでもある

shìchuān	shìyīshì	tiāoxuǎn	fùkuǎn	zhǎoqián	shuākǎ	shōujù	shōukuǎntiáo	èrwéimǎ
试穿	试衣室	挑选	付款	找钱	刷卡	收据	收款条	二维码
試着する	試着室	選ぶ	支払い	お釣りを出す	カードをかざす	領収書	レシート	QR コード
huàn	tuì	suǒkùjiǎo	sǎomǎ					
换	退	锁裤脚	扫码					
交換する	返品する	ズボン裾上げをする	QR コードを読み取る					

練　習

応用練習

1．中国語でチャイナドレスを買う際の会話を作りなさい。（サイズ、色）

2．中国語で買い物をする時の会話を作りなさい。（値段を聞く、値引き交渉を含むこと）

3．（　　　）に適当な語を入れ、文を読んで、日本語に訳しなさい。

(1) 请给我拿米色的风衣看看，要小号（　　　）。

(2) 红色的卖没了，别的颜色的（　　　）？

(3) 这种裙子的式样、面料和颜色（　　　）很受欢迎。

(4) 请问，在你们店（　　　）用信用卡吗？

4．次の会話を完成させなさい。

(1) a：＿＿＿＿＿＿＿＿＿＿＿＿＿＿

b：您要多大的？

(2) a：＿＿＿＿＿＿＿＿＿＿＿＿＿＿

b：有。大、中、小号的都有。

(3) a：＿＿＿＿＿＿＿＿＿＿＿＿＿＿

b：那我就穿穿试试吧。

(4) a：＿＿＿＿＿＿＿＿＿＿＿＿＿＿

b：给您减30块，270块怎么样？

5．間違ったところを訂正しなさい。

(1) 请我拿大号给看看。

(2) 这个大一点儿，有点儿小可以吗？

検定用練習

1．⑴⑵の中国語の正しいピンイン表記を、①～④の中から１つ選びなさい。

【中国語検定試験準４級レベル問題】

⑴ 便宜　①piányi　②biànyi　③piányì　④biànyì

⑵ 颜色　①yànse　②yánsè　③gànse　④gànsè

2．⑴～⑷の日本語の意味になるように空欄を埋めるとき、最も適当なものを、①～④の中から１つ選びなさい。

【中国語検定試験準４級レベル問題】

⑴ すみませんが、あの『中日辞典』を見せてください。

你好！ 请（　　　）我拿那本《汉日词典》看看。

①在　②对　③给　④和

⑵ 赤色のダウンジャケットがありますか。

（　　　）红色的羽绒服？

①有没有　②是不是　③在不在　④买没买

⑶ 彼の身長で、Ｓサイズを着ても窮屈にならないはずです。

他的身高穿小号的也不（　　　）小。

①可以　②觉得　③会　④想

⑷ このズボンは私に少し長いです。

这条裤子我穿（　　　）长。

①一点儿　②有点儿　③一下　④点儿

3．次の日本語の下線部を中国語に訳し、漢字（簡体字）で書きなさい。

【中国語検定試験準４級レベル問題】

⑴ <u>赤色</u>の服。　⑵ <u>ブルー</u>のコート。

⑶ <u>試着する</u>。　⑷ <u>綿</u>百パーセント。

4．下の日本語の意味になるようにそれぞれ①～④を並べ替えたときに、［　］内に入るものを選びなさい。

【中国語検定試験４級レベル問題】

⑴ 今は白色しかなく、ピンク色のは売り切れた。

现在［　　］________ ________ ________。

①卖没了　②只有　③粉红色的　④白色的

⑵ このコートはもし純綿の生地ならいいですが。

这件大衣 ________ ________［　　］________。

①纯棉的　②要是　③好了　④就

5．次の日本語の意味に合う中国語を、①～④の中から１つ選びなさい。

【中国語検定試験４級レベル問題】

(1) 試着されてみませんか。

①您试试穿穿怎么样?

②您穿穿试试怎么样?

③您怎么样穿穿试试?

④您穿穿怎么样试试?

(2) ちょっと高いですね。少し安くしてくれませんか。

①有点儿贵，能便宜一点儿吗?

②一点儿贵，能便宜有点儿吗?

③贵有点儿，能一点儿便宜吗?

④贵一点儿，有点儿能便宜吗?

復習確認のページ

下記の表を完成しなさい

（空白に適当な語、語句を埋めなさい。中国語の場合はピンインも付けること。）

単語	買い物関係	日	試着する	値段が高い	サイズ				
		中							
						信用卡	中号	便宜	式样
	自信推測	日	Lサイズでも大丈夫かと思う。		そんなはずがない。				
		中							
							你穿小号的也不会小。		
文型	望んしい・くない	日	少し安くしてください。		袖が少し長いですね、もうちょっと短ければちょうどいいのに。				
		中							
							有点儿贵。		
用法		日	～見せてください		～をお願いします。		～を値引きする		
		中							
		日							
		中							
			卖没了。		只剩～		受欢迎		

dì kè Zuòchē

第12课　坐车（乗り物に乗る）

第12課で学ぶ表現	1．処置：～を～にする・させる　把～ 2．進行：～ている・てある　～着 3．禁止：～しないように・しないで下さい　别～ 4．概数：～どのぐらい・～余り・前後・ぐらい　～多・～左右

A

Nínhǎo! Nín qù nǎr? Qǐng bǎ xíngli fàng hòubianr ba.
A：您好！您 去 哪儿？请 把 行李 放 后边儿 吧。
行く どこ どうぞ ～を 荷物 置く 後 ～ましょう
こんにちは！どちらまでですか。お荷物は後ろにどうぞ。

Wǒ qù huǒchēzhàn. Lǚxíngxiāng fàng hòubianr, shuāngjiānbāo wǒ ná zhe ba.
B：我 去 火车站。旅行箱 放 后边儿，双肩包 我 拿 着 吧。
駅 スーツケース リュックサック 持つ ～ている
駅までお願いします。スーツケースは後ろに載せて、リュックサックは自分で持ちましょう。

Hǎo, qǐng kuài shàngchē ba, xiàzhe yǔ ne. Nín shì gǎn huǒchē ma?
A：好，请 快 上车 吧，下着 雨 呢。您 是 赶 火车 吗？
よい はやく 乗車する 降る 雨 ～よ．間に合わせる
承知しました、早くお乗りください、雨が降っていますよ。汽車の時間には間に合いますか。

Wǒ xiǎng zuò xiàwǔ de chē qù Xī'ān shí'èr diǎn dào jiù láidejí.
B：我 想 坐 下午 的 车 去 西安，12 点 到 就 来得及。
～たい 乗る 午後 時 着く ～と 間に合う
午後の汽車で西安に行くつもりです。12時に着くなら、間に合います。

Nà méi wèntí. Dàole. Érshiqīyuán zhè shì fāpiào. Qǐng bié wàng le dōngxi.
A：那 没 问题。……到了。27 元，这 是 发票。请 别 忘 了 东西。
ない 問題 ～た 元 レシート するな 忘れる もの
それなら大丈夫です。…着きました。27元です，レシートです。お忘れ物なさいませんようご注意ください。

Mǎi yì zhāng dào Xī'ān de gāotiě piào. Yào bāshiqī cì de èrděngzuò.
B：买 一 张 到 西安 的 高铁 票。要 G 87 次 的 二等座。
買う 枚 高速鉄道 チケット 号 2等席
西安までの高鉄乗車券を下さい。G87号の二等席でお願いします。

Qǐng gěi wǒ kàn yíxià zhèngjiàn. Wǔbǎiyīshiwǔ kuài wǔ, shōu nín wǔbǎiwǔshí kuài,
C：请 给 我 看 一下 证件。 515 块 5，收 您 550 块，
下さい 見る ちょっと 身分証明書 収める 元
zhǎo nín sānshisì kuài wǔ.
找 您 34 块 5。
返す
身分証を見せてください。515.5元です。550元お預かりしましたので、34.5元のおつりです。

Qǐngwèn dào Xī'ān yǒu duō yuǎn, yào duōcháng shíjiān?
B：请问，到 西安 有 多 远，要 多长 时间？
どのぐらい 遠い かかる 長い 時間

すみません、西安までどれくらいの距離がありますか。時間はどれくらいかかりますか。

Yìqiānèrbǎi duō gōnglǐ, dàgài yào wǔ ge xiǎoshí zuǒyòu ba.
C：一千二百 多 公里，大概 要 五 个 小时 左右 吧。
余り キローメートル およそ 時間 前後

1200キロちょっとです。大体5時間くらいかかるでしょう。

比較してみよう

1．～を～にする・させる：把

shū zhuōzi shang
他 把 书 放 桌子 上。
彼は本を机の上に置く。

zuòyè xiěwán
我 把 作业 写完 了。
私は宿題を書き終わった。

chuānghu kāikai
请 把 窗户 开开。
窓を開けてください。

shǒujī guānshang
你 把 手机 关上 吧。
携帯電話の電源を切りましょう。

2．動作の進行・状態の持続：（～して）いる・（～して）ある：動詞＋着／～呢

jiàoshì li shàng kè
我们 在 教室 里 上着 课。
私達は教室で授業をしている。

zhèng chī fàn ne
她 正 吃着 饭 呢。
彼女はちょうどご飯を食べているところです（よ）。
（彼女は食事中です。）

Lǎoshī zài hēibǎn shang xiězhe zì
老师 在 黑板 上 写着 字。
先生は黒板に字を書いている。

kǎoshì shíjiān
黑板 上 写着 考试 时间。
黒板に試験の時間が書いてある。

3．禁止：～しないように・しないでください：别～

shuōhuà
请 别 说话。
話さないでください。（＝静かにしなさい。）

zhùyì gǎnmào le
注意 别 感冒 了。
風邪を引かないように（注意してください）。

kāi wánxiào le
你 别 开 玩笑 了。
冗談を言わないでください。

děng yíxià zháojí
等 一下，别 着急。
ちょっと待って。焦るな。

4．概数：～どのぐらい：多＋形容詞（＋名詞） ～余り：整数＋多
～前後・ぐらい：数＋左右

duōdàniánlíng	duōshaorén	wǔshí	yìbǎi	shísānyì
多大年龄	多少人	50多	一百多	十三亿多
何歳	何人	五十余り	百余り（以上）	十三億余り

gāo	nán	shíduōtiān	yígeduōxīngqī	wǔniánduō
多高	多难	十多天	一个多星期	五年多
どのぐらい高い	どれぐらい難しい	十数日	一週間余り	五年余り（以上）

bànniánzuǒyòu	èrshísuì	liǎngwànrìyuán	qīshiwǔyè
半年左右	20岁左右	两万日元左右	75页左右
半年前後	二十歳前後	２万円前後	75ページ（分）前後

B

[文を読み、日本語に訳しなさい]

Nínhǎo! Nín qù nǎr? Qǐng bǎ dōngxi fàng qiánbianr ba.
A：您好！您 去 哪儿？请 把 东西 放 前边儿 吧。

____

Wǒ qù huǒchēzhàn. shuāngjiānbāo fàng qiánbianr, shǒutíbāo wǒ názhe ba.
B：我 去 火车站。双肩包 放 前边儿，手提包 我 拿着 吧。
手提げかばん

____

Hǎo, qǐng kuài shàngchē ba, xiàzhe xuě ne. Nín shì gǎn huǒchē ma?
A：好，请 快 上车 吧，下着 雪 呢。您 是 赶 火车 吗？

____

Wǒ xiǎng zuò xiàwǔ de chē qù Dàlián láibujíle ba.
B：我 想 坐 下午 的 车 去 大连，来不及了 吧

____

Méi wèntí. láidejí. Dàole. Sìshisān yuán zhè shì fāpiào. Qǐng bié wàngle dōngxi.
A：没 问题，来得及。……到了。43 元，这 是 发票。请 别 忘了 东西。

____

Mǎi yì zhāng dào Dàlián de gāotiě piào. Yào sānbāliù cì de yīděngzuò.
B：买 一 张 到 大连 的 高铁 票。要 G 386 次 的 一等座。

____

Qǐng gěi wǒ kàn yíxià zhèngjiàn. Liùbǎièrshiwǔ kuài wǔ, shōu nín liùbǎiwǔshí kuài,
C：请 给 我 看 一下 证件。 625 块 5，收 您 650 块，

____

zhǎo nín èrshisì kuài wǔ.
找 您 24 块 5。

____

Qǐngwèn dào Dàlián yǒu duō yuǎn, yào duōcháng shíjiān?
B：请问，到 大连 有 多 远，要 多长 时间？

____

Jiǔbǎiwǔshí duō gōnglǐ, dàgài yào sì ge bàn xiǎoshí zuǒyòu ba.
C：九百五十 多 公里，大概 要 四 个 半 小时 左右 吧。

____

C

[次の文を中国語に訳し、読みなさい]

A：＿＿＿＿＿，＿＿＿＿＿＿＿＿＿，＿＿＿＿＿＿＿＿＿。
こんにちは！　どちらまでですか？　お荷物は後ろにどうぞ。

B：＿＿＿＿＿＿＿，＿＿＿＿＿＿＿＿＿＿，＿＿＿＿＿＿＿＿＿＿＿＿。
駅までお願いします。　スーツケースは後ろに載せて、　リュックサックは自分で持ちましょう。

A：＿＿＿＿＿。＿＿＿＿＿＿＿。＿＿＿＿＿＿＿，＿＿＿＿＿＿＿＿＿＿＿。
承知しました、　早くお乗りください、　雨が降っていますよ。 汽車の時間には間に合いますか。

B：＿＿＿＿＿＿＿＿＿＿＿＿＿。＿＿＿＿＿＿＿＿＿＿＿＿＿。
午後の汽車で西安に行くつもりです。　12時に着くなら、間に合います。

A：＿＿＿＿＿＿＿。……＿＿＿＿＿＿。＿＿＿＿＿＿，＿＿＿＿＿＿＿。
それなら大丈夫です。　…　着きました。　27元です，　レシートです。

＿＿＿＿＿＿＿＿＿＿＿＿＿＿＿＿＿＿＿＿
お忘れ物なさいませんようご注意ください。

B：＿＿＿＿＿＿＿＿＿＿＿＿＿，＿＿＿＿＿＿＿＿＿＿＿＿＿。
西安までの高鉄乗車券を下さい。　G87号の二等席でお願いします。

C：＿＿＿＿＿＿＿＿＿。＿＿＿＿＿＿。＿＿＿＿＿＿＿＿＿＿，＿＿＿＿＿＿＿＿。
身分証を見せてください。　515.5元です。　550元お預かりしましたので、34.5元のおつりです。

B：＿＿＿＿＿，＿＿＿＿＿＿＿＿＿＿＿＿＿？＿＿＿＿＿＿＿＿＿＿＿＿？
すみません、　西安までどれくらいの距離がありますか、　時間はどれくらいかかりますか。

C：＿＿＿＿＿＿＿＿，＿＿＿＿＿＿＿＿＿＿＿＿＿＿。
1200キロちょっとです、　大体５時間くらいかかるでしょう。

D

［読みながら、ピンインを付けてみよう］

A：您好！您去哪儿？请把行李放后边儿吧。

B：我去火车站。旅行箱放后边儿，双肩包我拿着吧。

A：好，请快上车吧，下着雨呢。您是赶火车吗？

B：我想坐下午的车去西安，12点到就来得及。

A：那没问题。……到了。27元，这是发票。请别忘了东西。

B：买一张到西安的高铁票。要G87次的二等座。

C：请给我看一下证件。515块5，收您550块，找您34块5。

B：请问，到西安有多远，要多长时间？

C：一千二百多公里，大概要五个小时左右吧。

練習用補充語句

(1) タクシーに乗る・坐 出租 汽车・打的

zuò chūzū qìchē dǎdī

1. （指着地图） 我 想 去 这儿。

Wǒ xiǎng qù zhèr.

（地図を指して）ここに行きたいです。

2. 车费 大概 要 多少 钱?

Chēfèi dàgài yào duōshao qián?

運賃は大体どれぐらいかかりますか。

3. 请 在 前面 停 一下。

Qǐng zài qiánmiàn tíng yíxià.

前にちょっと止めてください。

4. 我 先 去 银行，请 在 银行 等 我 一下，然后 去 机场。

Wǒ xiān qù yínháng, qǐng zài yínháng děng wǒ yíxià, ránhòu qù jīchǎng.

私はまず銀行に行き、銀行でちょっと待ってください、その後は空港に行きます。

(2) 汽車に乗る・坐 火车

zuò huǒchē

1. 请问，到 上海 都 有 几点 的 车?

Qǐngwèn, dào Shànghǎi dōu yǒu jǐdiǎn de chē?

すみませんが、上海行きの汽車は何時（と何時）ですか。

2. 我 买 一 张 一 等 座（硬座 · 软座 · 上铺 · 中铺 · 下铺）。

Wǒ mǎi yī zhāng yī děng zuò (yìngzuò · ruǎnzuò · shàngpù · zhōngpù · xiàpù).

一等席（自由席・グリーン車・寝台車の上段・寝台車の中段・寝台車の下段）を下さい。

3. 请问，在 几号 检票口 等 车?

Qǐngwèn, zài jǐhào jiǎnpiàokǒu děng chē?

すみませんが、何番改札口ですか。

4. 请问， 87 次 正点 吗?

Qǐngwèn, bāshiqī cì zhèngdiǎn ma?

すみませんが、87号は定刻ですか。

5. 请问，大概 晚点 多长 时间?

Qǐngwèn, dàgài wǎndiǎn duōcháng shíjiān?

すみませんが、大体どれぐらい延着しますか。

6. 请问，大概 几点 到?

Qǐngwèn, dàgài jǐdiǎn dào?

すみませんが、何時頃着きますか。

(3) 飛行機に乗る・坐 飞机

zuò fēijī

1. 请问，日航（全日空 · 国航 · 南航 · 东航 · 华航 · 国泰 · 新航）在 哪个 柜台?

Qǐngwèn, Rìháng (Quánrìkōng · Guóháng · Nánháng · Dōngháng · Huáháng · Guótài · Xīnháng) zài něige guìtái?

すみませんが、日航（全日空・CA・南方航空・東方航空・中華航空・キャセイパシフィック航空・シンガポール航空）はどのカウンターですか。

Wǒ xiǎng yào kàochuāng (kàoguòdào) de zuòwèi.
2. 我 想 要 靠窗 （靠过道） 的 座位。
窓側の席（通路側の席）をお願いします。

練　習

応用練習

1. 中国語でタクシーに乗る際の会話を作りなさい。

2. 中国語で汽車のチケットを購入する際の会話を作りなさい。

3. 中国語で搭乗券に引き換える際の会話を作りなさい。

4. 次の会話を完成しなさい。

(1) a：＿＿＿＿＿＿＿＿＿＿？
b：好，请上车吧。

(2) a：＿＿＿＿＿＿＿＿＿＿？
b：请把旅行箱放后面，把这个放前面。

(3) a：＿＿＿＿＿＿＿＿＿＿？
b：我买到北京的 G205次，要二等座。

(4) a：＿＿＿＿＿＿＿＿＿＿？
b：三百多公里，大概要一个半小时。

5. （　　）に適当な語を入れ、文を読んで、日本語に訳しなさい。

(1) 对不起，请（　　　）你的电子客票（　　　）我看一下。
diànzǐkèpiào 電子客票：eチケット

(2) 外面下（　　　）雨（　　　），你拿（　　　）伞去吧。
Wàimiàn　sǎn

(3) 我想坐两点（　　　）火车去广州。
Guǎngzhōu 広州

(4) 我们学校有150（　　　）个留学生，他们来自20（　　　）个国家。
xuéxiào　láizì：から　ge guójiā

6. 間違ったところを訂正しなさい。

(1) 请旅行箱把这儿放。

(2) 我爸爸在一个汽车公司工作着。
bàba　qìchēgōngsīgōngzuò：勤める

(3) 我们的汉语课上了一个小时半。
Hànyǔkè shàng

(4) 新年 我们休息了一个星期多。
Xīnnián　xiūxi　xīngqī

検定用練習

1．(1)(2)の中国語の正しいピンイン表記を、①～④の中から１つ選びなさい。

【中国語検定試験準４級レベル問題】

(1) 行李　①hānglǐ　②xínglǐ　③xíngli　④hángli

(2) 问题　①wèndī　②wèntí　③wēntí　④wēndī

2．(1)(2)の日本語の意味になるように空欄を埋めるとき、最も適当なものを、①～④の中から１つ選びなさい。

【中国語検定試験４級レベル問題】

(1) 荷物を車の中に置いてください。

请（　　　）行李放到车里。

①在　②到　③把　④往

(2) 羽田から北京まで大体どれぐらい時間がかかりますか。

从羽田到北京（　　　）要多长时间？

①大体　②大多　③大概　④大都

3．次の日本語の下線部を中国語に訳し、漢字（簡体字）で書きなさい。

【中国語検定試験準４級レベル問題】

(1) <u>買い物をする</u>。　(2) <u>時間</u>がかかる。

(3) <u>問題</u>ありません。　(4) <u>午後</u>に行く。

4．下の日本語の意味になるようにそれぞれ①～④を並べ替えたときに、[　　] 内に入るものを選びなさい。

【中国語検定試験４級レベル問題】

(1) 上海までの航空券を１枚下さい。

我买一张 ________ ________ [　　] ________。

①的　②上海　③飞机票　④到

(2) 私達は何時に出発すれば間に合いますか。

我们 ________ ________ [　　] ________？

①出发　②几点　③来得及　④能

5．次の日本語の意味に合う中国語を、①～④の中から１つ選びなさい。

【中国語検定試験４級レベル問題】

(1) 身分証明書をちょっと見せてください。
①请给我看一下证件。
②请看一下证件给我。
③证件请给我一下看。
④看一下证件请给我。

(2) 台北から高雄までどれぐらいありますか。
①台北从高雄到有多远?
②从台北到高雄多远有?
③台北从有多远到高雄?
④从台北到高雄有多远?

復習確認のページ

下記の表を完成しなさい

(空白に適当な語、語句を埋めなさい。中国語の場合はピンインも付けること。)

単語	旅行関係	日	車に乗る	荷物	スーツケース				
		中				双肩包	赶火车	来得及	来不及

文型	日	忘れないように		雨が降っている。
	中		把双肩包放后面。	

用法	日	どちらまでですか。	それなら大丈夫です。		西安までの高鉄乗車券を下さい。
	中			要多长时间?	

dì kè Zàiyóujú
第13课　在邮局（郵便局で）

第13課で学ぶ表現	1．～であればあるほど～　越～越 2．形容詞の並立：～てもあり～てある　又～又～ 3．使役：～せる・させる　让～ 4．付着する：～付ける・～閉じる　～上

A

Qǐngwèn, wǎng Rìběn jì bāoguǒ zěnmebàn shǒuxù?
A：请问，往 日本 寄 包裹 怎么办 手续？
へ　郵送する　小包　どうする　手続
すみません、日本へ小包を送るにはどうすればよいですか。

Nín yòng shénme fāngfǎ jì?
B：您 用 什么 方法 寄？
で
どの送り方にしますか。

Dōu yǒu shénme fāngfǎ?
A：都 有 什么 方法？
全部で
どういった方法があるのですか。

Fāngfǎ hěn duō, yǒu hángkōng hǎiyùn tèkuàizhuāndì E yóubǎo děng.
B：方法 很 多，有 航空、海运、特快专递、E邮宝 等。
航空便　船便　EMS　eパケット
送り方は色々です。航空便、船便、EMS、eパケットなどがあります。

Něi zhǒng zuì kuài? Wǒ jì de shì Shèngdànjié lǐwù, yuè kuài yuè hǎo.
A：哪 种 最 快？我 寄 的 是 圣诞节 礼物，越 快 越 好。
どの種類　速い　クリスマス　プレゼント　早ければ早いほどよい
どれが一番早いですか。送るのはクリスマスプレゼントなので、早ければ早いほど助かります。

Bù chāoguò liǎng gōngjīn dehuà, yòng E yóubǎo yòu kuài yòu piányi
B：不 超过 两 公斤 的话，用 E邮宝 又 快 又 便宜，
超える　キロ　～ば　～し　～し
hái néng zài wǎngshang gēnzōng cháxún.
还 能 在 网上 跟踪 查询。
また　ネット上　追跡　調べる
２キロ超えなければ、eパケットが速くて安いですし、ネットで追跡もできます。

Nà jiù jì zhèi zhǒng ba. Shì yītiáo wéijīn hé jǐ zhāng CD
A：那 就 寄 这 种 吧。是 一条 围巾 和 几 张 CD，
それでは　枚 スカーフ　枚

kěndìng bú dào liǎng gōngjīn.
肯定 不 到 两 公斤。
きっと

ではそれでお願いします。スカーフ1枚とCDが何枚かですので、2キロにはならないはずです。

Qǐng dǎkāi ràng wǒ kàn yíxià, àn guīdìng yào quèrèn zhīhòu cái néng fēngkǒu.
B：请 打开 让 我 看 一下，按 规定 要 确认 之后 才 能 封口。
開ける させる よる 規定 必要だ 確認する の後 やっと 閉じる

開けて見せてください、規定により中身を確認してからでないと封をすることができないんです。

Shì ma? Kě wǒ yǐjīng féngshàng le ya!
A：是 吗？可 我 已经 缝上 了 呀！
しかし すでに 縫い閉じる よ

そうなんですか。でももう縫い閉じてしまったのですが。

Zhèlǐ yǒu zhēnxiàn, nín kěyǐ zài féngshàng ...... Kěyǐ le,
B：这里 有 针线，您 可以 再 缝上。……可以 了，
針糸 再度 OKです

qǐng tián yíxià bāoguǒdān ba.
请 填 一下 包裹单 吧。
記入する 小包送り状

ここに針と糸があるので、もう一度縫えますよ。OKです、送り状に記入してください。

Tiánhǎo le. Qǐng gěi wǒ tiēshàng yì suì wùpǐn de biāoqiān.
A：填好 了。请 给 我 贴上 易碎 物品 的 标签。
記入し終わる 貼り付ける 割れもの ラベル（シール）

できました。「ワレモノ注意」のシールを貼ってください。

比較してみよう

1．～であればあるほど・～すればするほど：越～越～

Dōngxi bú shì yuè piányi yuè hǎo
东西 不 是 越 便宜 越 好。
品物は安ければ安いほどいいではない。

Wǒ xué Hànyǔ yuè xué yuè gǎn xìngqù
我 学 汉语 越 学 越 感 兴趣。
私は勉強すればするほどますます中国語に興味を持つようになった。

2．～でもあり～である：又～，又～

Zhèige háizi yòu cōngmíng yòu kě' ài
这个 孩子 又 聪明 又 可爱。
この子は賢いし可愛い。

Méiyǔ jìjié de tiānqì yòu mēnrè yòu cháoshī
梅雨 季节 的 天气 又 闷热 又 潮湿。
梅雨季節の天気は蒸し暑いし、じめじめしている。

3．～は～に～をせる・させる：主語＋让・叫（jiào）＋使役対象＋動詞

Lǎoshī ràng wǒmen dú kèwén
老师 让 我们 读 课文。
先生は私達に本文を読ませる。

Qǐng ràng wǒ kǎolǜ yíxià
请 让 我 考虑 一下。
ちょっと考えさせてください。

Bà ba bú ràng wǒ kāichē
爸爸 不 让 我 开车。
父は私に車を運転させない。

Kēzhǎng jiào tā qù Shànghǎi chūchāi
科长 叫 他 去 上海 出差。
課長は彼に上海出張に行かせる。

4．(動作の結果としての)「付着する」：動詞＋上

Zhèi fēngxìn qǐng nǐ tiēshàng yóupiào
这 封信 请 你 贴上 邮票。
この手紙に切手を貼ってください。

Qǐng zài zhèr xiěshàng nǐ de míngzi
请 在 这儿 写上 你 的 名字。
ここにお名前を書いてください。

Sījī guānshàngle chēmén
司机 关上了 车门。
運転手さんが車のドアを閉めた。

Tā wéishàngle wéijīn
她 围上了 围巾。
彼女はスカーフを巻いた。

B

[文を読み、日本語に訳しなさい]

Qǐngwèn, wǎng Rìběn jì bāoguǒ zěnmebàn shǒuxù?
A：请问，往 日本 寄 包裹 怎么办 手续？

Nín yòng shénme fāngfǎ jì?
B：您 用 什么 方法 寄？

Dōu yǒu shénme fāngfǎ?
A：都 有 什么 方法？

Fāngfǎ hěn duō, yǒu hángkōng hǎiyùn tèkuàizhuāndì yóubǎo děng.
B：方法 很 多，有 航空、海运、特快专递、E 邮宝 等。

Nèi zhǒng zuì kuài? Wǒ jì de shì Shèngdànjié lǐwù, yuè kuài yuè hǎo.
A：哪 种 最 快？我 寄 的 是 圣诞节 礼物，越 快 越 好。

Bù chāoguò Liǎng gōngjīn dehuà yòng yóubǎo yòu kuài yòu piányi, hái néng zài wǎngshang
B：不 超过 两 公斤 的话，用 E 邮宝 又 快 又 便宜，还 能 在 网上

---

gēnzōng cháxún.
跟踪 查询。

Nà jiù jì zhèi zhǒng ba. Shì yītiáo wéijīn hé jǐ zhāng kěndìng bù dào liǎng
A：那 就 寄 这 种 吧。是 一条 围巾 和 几 张 CD，肯定 不 到 两

---

gōngjīn.
公斤。

Qǐng dǎkāi ràng wǒ kàn yíxià, àn guīdìng yào quèrèn zhīhòu cái néng fēngkǒu.
B：请 打开 让 我 看 一下，按 规定 要 确认 之后 才 能 封口。

____

Shì ma? Kě wǒ yǐjīng féngshàng le ya!
A：是 吗？可 我 已经 缝上 了 呀！

____

Zhèlǐ yǒu zhēnxiàn, nín kěyǐ zài féngshàng Kěyǐ le qǐng tián yíxià bāoguǒdān
B：这里 有 针线，您 可以 再 缝上。……可以 了，请 填 一下 包裹单。

____

Tiánhǎo le. Qǐng gěi wǒ tiēshàng yìsuì wùpǐn de biāoqiān.
A：填好 了。请 给 我 贴上 易碎 物品 的 标签。

____

C

[次の文を中国語に訳し、読みなさい]

A：すみません、日本へ小包を送るにはどうすればよいですか。

B：どの送り方にしますか。

A：どういった方法があるのですか。

B：送り方は色々です。航空便、船便、EMS、eパケットなどがあります。

A：どれが一番早いですか。送るのはクリスマスプレゼントなので、早ければ早いほど助かります。

B：２キロ超えなければ、eパケットが早くて安いですし、ネットで追跡もできます。

A：ではそれでお願いします。スカーフ１枚とCDが何枚かですので、２キロにはならないはずです。

B：開けて見せてください、規定により中身を確認してからでないと封をすることができないんです。

A：そうなんですか。でももう縫い閉じてしまったのですが。

B：ここに針と糸があるので、もう一度縫えますよ。OKです、送り状に記入してください。

A：できました。ワレモノ注意のラベル（シール）を貼ってください。

D

［ピンインを付けて読んでみてください］

A：请问，往日本寄包裹怎么办手续？

B：您用什么方法寄？

A：都有什么方法？

B：方法很多，有航空、海运、特快专递、E 邮宝等。

A：哪种最快？我寄的是圣诞节礼物，越快越好。

B：不超过两公斤的话，用 E 邮宝又快又便宜，还能在网上跟踪查询。

A：那就寄这种吧。是一条围巾和几张 CD，肯定不到两公斤。

B：请打开让我看一下，按规定要确认之后才能封口。

A：是吗？可我已经缝上了呀！

B：这里有针线，您可以再缝上。……可以了，请填一下包裹单吧。

A：填好了。请给我贴上易碎物品的标签。

練習用補充語句

yóupiào	jìniànyóupiào	xìnfēng	xìnzhǐ	míngxìnpiàn	guàhào	píngxìn	guàhàoxìn
邮票	纪念邮票	信封	信纸	明信片	挂号	平信	挂号信
切手	記念切手	封筒	便箋	はがき	書留	手紙	書留手紙

kuàixìn	hángkōngxìn	hángkōngyóujiǎn	diànbào	hèkǎ	hèniánpiàn	yóufèi
快信	航空信	航空邮简	电报	贺卡	贺年片	邮费
速達	航空便	航空書簡	電報	グリーティングカード	年賀状	郵便料金

shēngrìhèkǎ	yóubāo	yóujiàn	yìnshuāpǐn	chuánzhēn	huìkuǎn	huìkuǎndān	huìkuǎnrén
生日贺卡	邮包	邮件	印刷品	传真	汇款	汇款单	汇款人
誕生日カード	小包	郵便物	印刷物	ファックス	送金	送金状	送金者

yóutǒng	xìnxiāng	tóudìyuán	yóudìyuán	bāozhuāng	zhǐxiāng	jiāodài	tòumíngjiāodài
邮筒	信箱	投递员	邮递员	包装	纸箱	胶带	透明胶带
ポスト	私書箱	配達員	配達員	包装	段ボール	ガムテープ	セロテープ

nílóngshéng	jiāoshuǐ	xiǎodāo	jiǎnzi	dìngshūqì	yuánzhūbǐ	biāncháng	zhōucháng
尼龙绳	胶水	小刀	剪子	订书器	圆珠笔	边长	周长
ビニール紐(ひも)	のり	カッター	ハサミ	ホチキス	ボールペン	長さ	円周の長さ

kuān	hòu	juǎnchǐ	chèng	liángchǐcùn	chēngzhòngliàng	chāozhòng	kè
宽	厚	卷尺	秤	量尺寸	称重量	超重	克
幅	高さ	巻き尺	はかり	寸法をはかる	重量をはかる	重量オーバー	グラム

qǐngwùdàozhì	qǐngwùduìzhé	xiǎoxīnqīngfàng	nèiyǒuzhàopiàn	jiǎnduǎnfùyán
请勿倒置	请勿对折	小心轻放	内有照片	简短附言
天地無用	折り曲げ厳禁	取扱注意	写真在中	ショートメッセージ

練　習

応用練習

1．中国語で日本への手紙の切手の値段を聞き、その切手を３枚買う際の会話を作りなさい。

2．中国語で日本までの小包の所要日にちを聞く際の会話を作りなさい。

3．中国語で日本へ送金する方法を尋ねる際の会話を作りなさい。

4．次の会話を完成しなさい。

(1) a：＿＿＿＿＿＿＿＿＿＿＿＿？
　b：您寄什么？请让我看看。

(2) a：请问，寄到日本大概要几天？
　b：＿＿＿＿＿＿＿＿＿＿＿＿。

(3) a：＿＿＿＿＿＿＿＿＿＿＿＿？
　b：有。针线在对面的桌子上。

(4) a：信的里面有照片，怎么办好？
　b：＿＿＿＿＿＿＿＿＿＿＿＿。

5．（　　）に適当な語を入れ、文を読んで、日本語に訳しなさい。

⑴ 请问，（　　　）日本寄航空信要贴多少钱的邮票？

⑵ 不超重（　　　），请买5元的邮票。

⑶ 我下午去邮局，田中（　　　）我（　　　）他买10张贺年片。

⑷ 这个菜（　　　）好吃（　　　）不贵，很受顾客（gùkè：お客さん）欢迎。

6．間違ったところを訂正しなさい。

⑴ 规定按照确认以后才能封口。

⑵ 用这种方法寄会在网上追踪查询。

⑶ 上汉语课时，老师让我们不说日语。

⑷ 这个包裹很轻，肯定1千克不到。

検定用練習

1．⑴⑵の中国語の正しいピンイン表記を、①〜④の中から１つ選びなさい。

【中国語検定試験準４級レベル問題】

⑴ 礼物　①léiwù　②lǐwù　③lěiwū　④lǐwū

⑵ 手续　①shǒuxù　②shǒuyu　③shǒuxū　④shōuyù

2．⑴⑵の日本語の意味になるように空欄を埋めるとき、最も適当なものを、①〜④の中から１つ選びなさい。

【中国語検定試験４級レベル問題】

⑴ どの郵送方法にしますか。

你（　　　）什么方法寄？

①在　②到　③把　④用

⑵ この大学は有名だし、自宅から（通学）も近いです。

这个大学（　　　）有名，上学离家（　　　）近。

①也・也　②还・还　③又・又　④越・越

3．次の日本語の下線部を中国語に訳し、漢字（簡体字）で書きなさい。

【中国語検定試験準４級レベル問題】

⑴ 郵便局へ行く。

⑵ 切手を貼る。

⑶ CD ３枚。

⑷ 友達の誕生日。

4．下の日本語の意味になるようにそれぞれ①〜④を並べ替えたときに、［　　］内に入るものを選びなさい。

【中国語検定試験４級レベル問題】

⑴ 日本へ小包を送りたいですが。

我想［　　］＿＿＿＿＿＿＿＿＿＿＿＿。

①往　②包裹　③寄　④日本

(2) 重さをはかってからでないと封をすることができません。

________ ________ [　　] ________。

①重量　②不量　③封口　④不能

5．次の日本語の意味に合う中国語を、①～④の中から１つ選びなさい。

【中国語検定試験４級レベル問題】

(1) 集合時間は早ければ早いほど助かります。

①时间越早集合越好。

②越早集合时间越好。

③集合越早时间越好。

④集合时间越早越好。

(2) 今日の気温は30度にはならないはずです。

①今天的气温30度肯定不到。

②今天的气温肯定不到30度。

③肯定不到30度今天的气温。

④今天的气温肯定30度不到。

復習確認のページ

下記の表を完成しなさい

（空白に適当な語、語句を埋めなさい。中国語の場合はピンインも付けること。）

<table>
<tr><td rowspan="3">単語</td><td rowspan="3">郵便関係</td><td>日</td><td>小包を送る</td><td>切手</td><td>航空便手紙</td><td></td><td></td><td></td><td></td></tr>
<tr><td rowspan="2">中</td><td></td><td></td><td></td><td></td><td></td><td></td><td></td></tr>
<tr><td></td><td></td><td></td><td>明信片</td><td>挂号信</td><td>特快专递</td><td>海运</td></tr>
<tr><td colspan="2" rowspan="3">文型</td><td>日</td><td colspan="2">安くて速いし</td><td colspan="3">練習すればするほど上手になる。</td><td colspan="2">確認してからでないと記入できない。</td></tr>
<tr><td rowspan="2">中</td><td colspan="2"></td><td colspan="3"></td><td colspan="2"></td></tr>
<tr><td colspan="2"></td><td colspan="3"></td><td colspan="2"></td></tr>
<tr><td colspan="2" rowspan="3">用法</td><td>日</td><td colspan="3">日本へ本を送るにはどうすればよいですか？</td><td colspan="2">どれが一番速くて安いですか？</td><td colspan="2"></td></tr>
<tr><td rowspan="2">中</td><td colspan="3"></td><td colspan="2"></td><td colspan="2"></td></tr>
<tr><td colspan="3"></td><td colspan="2"></td><td colspan="2">可以了。可以封上了。</td></tr>
</table>

dì kè Zài lǐfàdiàn

第14课　在理发店（美容室で）

第14課で学ぶ表現	1．どちらでもよい・どちらにしてもよい　～都可以 2．～するといい・～すればいい　～就可以 3．お任せします　看着办 4．Ａであっても、Ｂであっても～　不管～、还是～

A

（男）

Qǐng zuò. nín xiǎng zěnme lǐ?
A：请 坐，您 想 怎么 理？
どのように　理髪する
おかけください。どのようにしましょうか。

Liǎngbiānr jiǎn duǎn yìxiē ràng ěrduo quán lòuchulai
B：两边儿 剪 短 一些，让 耳朵 全 露出来。
両サイド　切る　若干の　させる　耳　完全に　出てくる
両サイドを短くして、耳が完全に出るようにしてください。

Yòng tuīzi tuī? háishi yòng jiǎnzi jiǎn? Shàngbianr zěnme lǐ hǎo?
A：用 推子 推？ 还是 用 剪子 剪？上边儿 怎么 理 好？
バリカン　刈り取る　それとも　ハサミ
バリカンでしたほうがいいですか。それともハサミで切ったほうがいいですか。上のほうはどのようにしましょうか。

Dōu kěyǐ. Nín kànzhe bàn ba. Shàngbiānr liú cháng yìxiē ba.
B：都 可以。您 看着 办 吧。上边儿 留 长 一些 吧。
見て決める　残す　少し
どちらを使っても構いません。お任せします。上は少し長く残してください。

Bìnjiǎo ne? Yǒu méiyǒu tèshū de yāoqiú? Nǐ de tóufà hěn mì,
A：鬓角 呢？有 没有 特殊 的 要求？你 的 头发 很 密，
もみあげ　髪の毛　濃い
yào bu yào jiàn yíxià?
要 不 要 间 一下？
梳く
もみあげはどうしましょうか。特にご希望がございますか。髪の量が結構多いようですので、ちょっと梳きましょうか。

Méiyǒu. Pǔtōng de xíngzhuàng jiù kěyǐ. Jiàn yíxià ba.
B：没有。普通 的 形状 就 可以。间 一下 吧。
形　～といい
特に希望はありません。普通でいいです。ちょっと梳いてください。

（女）

Wǒ xiǎng tàngfà, xūyào duōcháng shíjiān?
A：我 想 烫发， 需要 多长 时间？
パーマをかける

パーマをかけたいのですが、時間はどれくらいかかりますか？

Lěngtàng yào 90 fēnzhōng zuǒyòu, rètàng dàgài děi sān ge xiǎoshí.
B：冷烫 要 90 分钟 左右，热烫 大概 得 三 个 小时。
コールドパーマ 前後 ホットパーマ かかる

コールドパーマは90分くらい、ホットパーマは大体３時間かかります。

Yào nàme cháng shíjiān na
A：要 那么 长 时间 哪！
ね

そんなに時間がかかりますか。

Shì a. Bùguǎn lěngtàng háishi rètàng, tàng qián dōu yào xiān xǐtóu,
B：是 啊。 不管 冷烫，还是 热烫，烫 前 都 要 先 洗头，
～であろうと 頭を洗う

tàng hòu dōu yào chuīfēng zhěnglǐ.
烫 后 都 要 吹风 整理。
ドライヤーを掛ける 整える

そうですね。コールドパーマでもホットパーマでも、いずれにしてもパーマの前にシャンプーをして、パーマ後は整える必要がありますから。

Wǒ lěngtàng ba shěng diǎnr shíjiān.
A：我 冷烫 吧，省 点儿 时间。
節約する

では、少し時間が節約できるので、コールドパーマにします。

Nín tàng shénme fàxíng?
B：您 烫 什么 发型？
ヘアスタイル

どんなふうにしますか。

Tàng dàjuǎnr, liúhǎir zìrán fēnkāi Wǒ dàilaile yí zhāng zhàopiàn.
A：烫 大卷儿，刘海儿 自然 分开。我 带来了 一 张 照片，
大きな波形 前髪 分ける 持ってくる 写真

jiù tàng zhèiyàng de.
就 烫 这样 的。
～ほかではなく こんなの

ゆるめにパーマをかけて、前髪は自然に流れるように。写真を持ってきています。こんな感じでお願いします。

比較してみよう

1．どちらでもよい・どちらにしてもよい：（怎么）都可以

Jīntiān qù míngtiān qù dōu kěyǐ.
今天 去 明天 去 都 可以。
今日行っても明日行っても、どちらでもよい。

Jīdàn zhǔzhe chī zhēngzhe chī, zěnme chī dōu kěyǐ.
鸡蛋 煮着 吃，蒸着 吃，怎么 吃 都 可以。
玉子は茹でても蒸しても食べてよい。

2．お任せします：～看着办

Wǒmen dōu méi yìjiàn, nǐ kànzhe bàn ba.
我们 都 没 意见，你 看着 办 吧。
私達は皆異議がないので、お任せします。

Nèijiàn shì wǒ kànzhe bàn xíng ma
那件 事 我 看着 办 行 吗?
あの件は私に任せていいですか。

3．～といい・～すればいい：～就可以

Dìng jīpiào dǎ ge diànhuà jiù kěyǐ.
订 机票 打 个 电话 就 可以。
航空券は電話で予約すれば結構です。

Jiǔdiǎn shàngkè, nǐ bādiǎn wǔshí dào jiù kěyǐ.
九点 上课，你 八点 五十 到 就 可以。
授業は９時からなので、君は８時20分に着けばいいです。

4．～であろうか、それとも～であろうか：不管～，还是～

Bùguǎn guāfēng, háishi xiàyǔ, tā cóngbù chídào.
不管 刮风，还是 下雨，他 从不 迟到。
風が吹いても、雨が降っても、彼は遅刻したことがありません。

Bùguǎn Hànyǔ, háishi Rìyǔ, fāyīn dōu hěn zhòngyào
不管 汉语，还是 日语，发音 都 很 重要。
中国語にしても、日本語にしても、発音は重要だ。

B

[文を読み、日本語に訳しなさい]

（男）

Qǐng zuò, nín xiǎng zěnme lǐ?
A：请 坐，您 想 怎么 理？

____

Liǎngbiānr jiǎn duǎn yìxiē ràng ěrduo quán lòuchulai
B：两边儿 剪 短 一些，让 耳朵 全 露出来。

____

Yòng tuīzi tuī háishi yòng jiǎnzi jiǎn Shàngbianr zěnme lǐ hǎo?
A：用 推子 推？还是 用 剪子 剪？上边儿 怎么 理 好？

____

Dōu kěyǐ. Nín kànzhe bàn ba Shàngbiānr liú cháng yìxiē ba.
B：都 可以。您 看着 办 吧。上边儿 留 长 一些 吧。

____

Bìnjiǎo ne? Yǒu méiyǒu tèshū de yāoqiú Nǐ de tóufà hěn mì, yào bu yào jiàn
A：鬓角 呢？有 没有 特殊 的 要求？你 的 头发 很 密，要 不 要 间

____

yíxià
一下？

____

Méiyǒu. Pǔtōng de xíngzhuàng jiù kěyǐ. Jiàn yíxià ba.
B：没有。普通 的 形状 就 可以。间 一下 吧。

____

（女）

Wǒ xiǎng tàngfà, xūyào duōcháng shíjiān?
A：我 想 烫发，需要 多长 时间？

Lěngtàng yào fēnzhōng zuǒyòu, rètàng dàgài děi sān ge xiǎoshí.
B：冷烫 要 90 分钟 左右，热烫 大概 得 三 个 小时。

Yào nàme cháng shíjiān na
A：要 那么 长 时间 哪！

Shì ā. Bùguǎn lěngtàng háishì rètàng, tàng qián dōu yào xiān xǐtóu, tàng hòu dōu yào
B：是 啊。不管 冷烫，还是 热烫，烫 前 都 要 先 洗头，烫 后 都 要

---

chuīfēng zhěnglǐ.
吹风 整理。

Wǒ lěngtàng ba shěng diǎnr shíjiān.
A：我 冷烫 吧，省 点儿 时间。

Nín tàng shénme fàxíng?
B：您 烫 什么 发型？

Tàng dàjuǎnr, liúhǎir zìrán fēnkāi Wǒ dàiláile yí zhāng zhàopiàn, jiù tàng
A：烫 大卷儿，刘海儿 自然 分开。我 带来了 一 张 照片，就 烫

---

zhèiyàng de.
这样 的。

C

[次の文を中国語に訳し、読みなさい]

(男)

A：おかけください。どのようにしましょうか。

____

B：両サイドを短くして、耳が完全に出るようにしてください。

____

A：バリカンでしたほうがいいですか。それともハサミで切ったほうがいいですか。上のほうはどのようにしましょうか。

____

B：どちらを使っても構いません。お任せします。上は少し長く残してください。

____

A：もみあげはどうしましょうか。特にご希望がございますか。髪の量が結構多いようですので、ちょっと梳きましょうか。

____

B：特に希望はありません。普通でいいです。ちょっと梳いてください。

____

（女）

A：パーマをかけたいのですが、時間はどれくらいかかりますか？

B：コールドパーマは90分くらい、ホットパーマは大体３時間かかります。

A：そんなに時間がかかりますか。

B：そうですね。コールドパーマでもホットパーマでも、いずれにしてもパーマの前にシャンプーをして、パーマ後は整える必要がありますから。

A：では、少し時間が節約できるので、コールドパーマにします。

B：どんなふうにしますか。

A：ゆるめにパーマをかけて、前髪は自然に流れるように。写真を持ってきています。こんな感じでお願いします。

D

[ピンインを付けて読んでみてください]

（男）

A：请坐，您想怎么理？

B：两边儿剪短一些，让耳朵全露出来。

A：用推子推？还是用剪子剪？上边儿怎么理好？

B：都可以。您看着办吧。上边儿留长一些吧。

A：鬓角呢？有没有特殊的要求？你的头发很密，要不要间一下？

B：没有。普通的形状就可以。间一下吧。

（女）

A：我想烫发，需要多长时间？

B：冷烫要90分钟左右，热烫大概得三个小时。

A：要那么长时间哪！

B：是啊。不管冷烫，还是热烫，烫前都要先洗头，烫后都要吹风整理。

A：我冷烫吧，省点儿时间。

B：您烫什么发型？

A：烫大卷儿，刘海儿自然分开。我带来了一张照片，就烫这样的。

練習用補充語句

píngtóu	平头	角刈り
fēntóu	分头	左右に分けた髪型
bēitóu	背头	オールバック
guāngtóu	光头	坊主刈り
cùntóu	寸头	七分刈り
xuéshengtóu	学生头	刈り上げ
duǎnfà	短发	ショートカット
yuántóu	圆头	丸刈り
chángfà	长发	ロング
zhōngchángfà	中长发	セミロング
yùndòngtóu	运动头	スポーツ刈り
cháfā	茶发	茶髪
zhífā	直发	ストレートヘア
zìláijuǎnr	自来卷儿	くせ毛
guā húzi	(刮)胡子	ひげ（を剃る）
tìxūdāo	剃须刀	カミソリ
rǎnfà	染发	カラーリング
rǎnfàjì	染发剂	ヘアカラーリング剤
miànmó	面膜	パック
xiāngbō	香波	シャンプ
lìsī	丽丝	リンス
féizào	肥皂	石鹸
xiāngzào	香皂	化粧石鹸
xǐmiànnǎi	洗面奶	洗顔乳液
huàzhuāngshuǐ	化妆水	化粧水
rǔyè	乳液	乳液
fěndǐshuāng	粉底霜	ファンデーション
kǒuhóng	口红	口紅
zhěngfāyè	整发液	整髪料
pēnwùshì zhěngfāyè	喷雾式整发液	ヘアスプレー
zhǐjiayóu	指甲油	マニキュア
xǐliǎn	洗脸	顔を洗う
shuāyá	刷牙	歯を磨く
yáshuā	牙刷	歯ブラシ
yágāo	牙膏	練り歯磨き
chuāngkětiē	创可贴	絆創膏
kǒuzhào	口罩	マスク
miánqiān	棉签	綿棒
jiǔjīngmián	酒精棉	アルコール綿
zǎotáng	澡堂	風呂屋
yùshì	浴室	バスルーム
lùtiānyùchí	露天浴池	露天風呂
xǐzǎo	洗澡	入浴する
chōnglínyù	冲淋浴	シャワーを浴びる
xǐwēnquán	洗温泉	温泉に入る
mùyùyè	沐浴液	入浴剤
yùmào	浴帽	シャワーキャップ
huàzhuāng	化妆	化粧する
shūzi	梳子	櫛
zhǐjiajiǎn	指甲剪	爪切り
máojīn	毛巾	タオル
yùjīn	浴巾	バスタオル
wéiqun	围裙	エプロン
diànchuīfēng	电吹风	ドライヤー

練　習

応用練習

1．中国語で男性の散髪する際の会話を作りなさい。

2．中国語で女性がパーマをかける際の会話を作りなさい。

3．次の会話を完成しなさい。

(1) a：您想理什么发型?
b：____________________。

(2) a：____________________?
b：天太热，请给我理短点儿吧。

(3) a：____________________?
b：冷烫和热烫有什么不一样?

(4) a：请别把刘海儿剪齐（qí）。（剪齐：切りそろえる）
b：____________________。

4．(　　) に適当な語を入れ、文を読んで、日本語に訳しなさい。

(1) 请（　　　）两边儿剪短一些。

(2) 要（　　　）耳朵全露出来吗？

(3) 冷烫需要的时间长，（　　　）热烫需要的时间长？

(4) 刘海儿（　　　）理？

5．間違いを訂正しなさい。

(1) 上边儿短一些剪吧。　　(2) 这有一张照片，就这样烫的。

(3) 不洗头，一点儿省时间可以吗？

(4) 夏天不管，还是冬天，公园里都有很多人。

検定用練習

1．(1)(2)の中国語の正しいピンイン表記を、①～④の中から１つ選びなさい。

【中国語検定試験準４級レベル問題】

(1) 理发　①lǐfǎ　②lìfǎ　③lǐfà　④lìfà

(2) 耳朵　①ěrduo　②ěrduǒ　③èrduō　④èrduo

2．(1)(2)の日本語の意味になるように空欄を埋めるとき、最も適当なものを、①～④の中から１つ選びなさい。　【中国語検定試験４級レベル問題】

(1) どの髪型にしますか。どのようにしますか。

你想理（　　　）发型？（　　　）怎么理？

①什么・怎么　②怎么・怎么样　③怎么・什么　④什么・什么样

(2) 話し合わなくてもいいです。お任せします。

不用商量（shāngliang 相談する）了。你看（　　　）办吧。

①了　②着　③过　④的

3．次の日本語の下線部を中国語に訳し、漢字（簡体字）で書きなさい。

【中国語検定試験準４級レベル問題】

(1) 散髪する。　(2) 長い髪。

(3) 風が吹く。　(4) 入浴する。

4．下の日本語の意味になるようにそれぞれ①～④を並べ替えたときに、［　　］内に入るものを選びなさい。　【中国語検定試験４級レベル問題】

(1) 耳を全部出るようにすれば助かります。

最好［　　］＿＿＿＿＿ ＿＿＿＿＿ ＿＿＿＿＿。

①让　②全　③耳朵　④露出来

(2) パーマの前にシャンプーをしなければなりませんか。

烫发之前 ________ [　　] ________ ________ 吗?

①先　②洗头　③要　④一定

5．次の日本語の意味に合う中国語を、①～④の中から１つ選びなさい。

【中国語検定試験４級レベル問題】

(1) あの件はどのように処理しても大丈夫です。

①那件事怎么办都可以。

②怎么办那件事都可以。

③那件事都可以怎么办。

④怎么都可以办那件事。

(2) 私一人で行けばよいです。

①我可以一个人就去。

②我一个人就可以去。

③我去一个人就可以。

④我一个人去就可以。

復習確認のページ

下記の表を完成しなさい

(空白に適当な語、語句を埋めなさい。中国語の場合はピンインも付けること。)

単語	理容関係	日	散髪する	髪の毛を切る	パーマをかける			
		中						
						洗头	鬓角	刘海儿	吹风
文型		日	長くしても短くしてもどちらでもよい。	お任せします。	コールドパーマでもホットパーマでも			
		中						
用法		日						
		中						
			剪短一些	留长一些	普通的样子就可以	您烫什么发型?		

第15课　看病（病院で）

dì kè Kànbìng

第15課で学ぶ表現	
	1．実現した状況を認定する：是～的
	2．事実と合わない判断を述べる：以为～
	3．～ではあるが～、（しかし）～：A 是 A
	4．念のため：为了～起见

A

Nín nǎr bù shūfu?
A：您 哪儿 不 舒服？
気分がいい
どうされましたか。

Tóuténg, késou, hái yǒudiǎnr fāshāo.
B：头疼，咳嗽，还 有点儿 发烧。
頭 痛い　咳が出る　それに　少し　熱が出る
頭が痛くて、咳が出ます、熱も少しあります。

Shì cóng shénmeshíhòu kāishǐ de?
A：是 从 什么时候 开始 的？
始まる
いつからですか。

Qiántiān wǎnshang. Kāishǐ yǐwéi shì huāfěn guòmǐn, méi dànghuíshìr,
B：前天 晚上。开始 以为 是 花粉 过敏，没 当回事儿，
おととい　最初　と思う　花粉　アレルギー　何とも思わない
kě yuè lái yuè zhòng le.
可 越 来 越 重 了。
ますます　重い
おとといの夜からです。最初は花粉症だと思って、大したことはないと高を括っていたのですが、だんだんひどくなってきました。

Qǐng zhāng kāi zuǐ, ràng wǒ kàn yíxià sǎngzi.
A：请 张 开 嘴，让 我 看 一下 嗓子。
口を開ける　喉
口を開けて、喉を見せてください。

Sǎngzi dǎo bù téng, búguò zǒng juéde hǎoxiàng yǒu tán, kě yòu ké
B：嗓子 倒 不 疼，不过 总 觉得 好像 有 痰，可 又 咳
別に　でも　ずっと　感じる　ようだ　痰　しかし　吐く
bùchūlái, tǐng nánshòu de.
不出来，挺 难受 的。
なかなか　たまらない
喉は痛くはないのですが、ずっと痰が絡んでいるような感じがあって、でも吐き出せなくて、すごくつらいです。

Gāngcái hùshi gěi nǐ liáng tǐwēn hé xuèyā le ba?
A：刚才 护士 给 你 量 体温 和 血压 了 吧?
先ほど 看護師 測る 血圧

さっき看護師があなたの体温と血圧を測りましたね？

Liáng le. shì liáng le, búguò dōu zhèngcháng.
B：量 了 是 量 了，不过 都 正常。
測ったことが測ったが

測りましたが、どちらも正常でした。

Qǐng xiānkāi yīfu, wǒ tīng yíxià. Qǐng zhuǎnguò shēn qù zài tīng yíxià hòubèi. Shíyù zěnmeyàng?
A：请 掀开 衣服，我 听 一下。请 转过 身 去，再 听 一下 后背。食欲 怎么样?
めくり上げる 聴く 向きを変える 背中

服をあげてください。胸の音を聴きましょう。反対を向いて、背中も聴きますね。食欲はどうですか？

Hái kěyǐ. Dàxiǎo biàn yě zhèngcháng.
B：还 可以。大小 便 也 正常。
まあまあです お通じ

まあまあです。お通じも普通です。

Xīnfèi dōu méi wèntí, jiùshì yìbān de gǎnmào. Wèile shènzhòng qǐjiàn, nǐ zài qù yàn yíxià xiě.
A：心肺 都 没 问题，就是 一般 的 感冒。为了 慎重 起见，你 再 去 验 一下 血。
心臓肺臓 ただ 普通 風邪 念のため 検査 血液

心臓も肺も問題ありません、普通の風邪でしょう。念のため、血液検査もしておきましょう。

Shì ma? Nà wǒ jiù fàngxīn le.
B：是 吗? 那 我 就 放心 了。
安心する

そうですか、安心しました。

Zhèi zhǒng yào yìtiān chī sāncì, yícì chī liǎngpiàn. Yào zhùyì xiūxi, bǎozhèng shuìmián.
A：这 种 药 一天 吃 三次，一次 吃 两片。要 注意 休息，保证 睡眠。
錠 休憩 保証する

この薬は一日３回、一回２錠飲んでください。しっかり休養して、睡眠を十分とってください。

Zhīdào le. Xièxie nín.
B：知道 了。谢谢 您。
知る

わかりました。ありがとうございました。

比較してみよう

1. 実現した状況を認定する：是～的

Wǒ shì jīnnián jiǔyuè lái Běijīng de.
我 是 今年 九月 来 北京 的。＝
私は今年の９月に北京に来たのです。

Wǒ shì jīnnián jiǔyuè lái de Běijīng.
我 是 今年 九月 来 的 北京。
私は今年の９月に北京に来た。

Tāmen shì zuò fēijī qù de.
他们 是 坐 飞机 去 的。
彼らは飛行機で行ったのだ。

Xiǎozhāng shì hé Lǎolǐ yìqǐ lái de.
小张 是 和 老李 一起 来 的。
張君は李さんと一緒に来ています。

2. 事実と合わない判断を述べる：以为～

Wǒ yǐwéi shǒuzhǐ jiùshì yuánlái búshì.
我 以为 “手纸” 就是「手紙」，原来 不是。
私は“手纸”は手紙のことと思ったが、実際はそうではありません。

Nǐ yǐwéi zìjǐ shēntǐ hǎo, gǎnmàole bùchī yào yě bú yàojǐn ma?
你 以为 自己 身体 好，感冒了 不吃 药 也 不 要紧 吗？
君は自分が元気だから、風邪をひいても薬を飲まなくでも大したことがないと思っているのではないですか。

3. ～ではあるが～、（しかし）～：A是A

Zhèixiē cí yǐqián xuéguo shì xuéguò, kěshì dōu wàng le.
这些 词 以前 学过 是 学过，可是 都 忘 了。
これらの語は前に習ったが、しかし全部忘れてしまいました。

Chūnjià shì chūnjià, dànshì wǒ měitiān dōu yào dǎgōng, bùnéng xiūxi.
春假 是 春假，但是 我 每天 都 要 打工，不能 休息。
春休みですが、毎日アルバイトをしなくちゃ、休めないです。

4. 念のため：为了～起见

Wèile bǎwò qǐjiàn, kǎoshì zhīqián wǒ yòu fùxíle yíbiàn.
为了 把握 起见，考试 之前 我 又 复习了 一遍。
念のため、試験の前にもう一度復習しました。

Wèile ānquán qǐjiàn, qù shāngdiàn mǎi dōngxī shí yě yào dài kǒuzhào.
为了 安全 起见，去 商店 买 东西 时 也 要 戴 口罩。
安全のため、買い物に行く際にもマスクを着用しなければなりません。

B

[文を読み、日本語に訳しなさい]

Nín nǎr bù shūfu?
A：您 哪儿 不 舒服?

Tóuténg, késou, hái yǒudiǎnr fāshāo.
B：头疼，咳嗽，还 有点儿 发烧。

Shì cóng shénmeshíhòu kāishǐ de?
A：是 从 什么时候 开始 的?

Qiántiān wǎnshang. Kāishǐ yǐwéi shì huāfěn guòmǐn, méi dànghuíshìr,
B：前天 晚上。开始 以为 是 花粉 过敏，没 当回事儿，

kě yuè lái yuè zhòng le.
可 越 来 越 重 了。

Qǐng zhāng kāi zuǐ, ràng wǒ kàn yíxià sǎngzi.
A：请 张 开 嘴，让 我 看 一下 嗓子。

Sǎngzi dǎo bù téng, búguò zǒng juéde hǎoxiàng yǒu tán, kě yòu ké bùchūlái,
B：嗓子 倒 不 疼，不过 总 觉得 好像 有 痰，可 又 咳 不出来，

tǐng nánshòu de.
挺 难受 的。

Gāngcái hùshi gěi nǐ liáng tǐwēn hé xuèyā le ba?
A：刚才 护士 给 你 量 体温 和 血压 了 吧?

Liáng le. shì liáng le, búguò dōu zhèngcháng.
B：量 了 是 量 了，不过 都 正常。

Qǐng xiān kāi yīfu, wǒ tīng yíxià. Qǐng zhuǎnguò shēn qù, zài tīng yíxià hòubèi.
A：请 掀 开 衣服，我 听 一下。请 转过 身 去，再 听 一下 后背。

shíyù zěnmeyàng?
食欲 怎么样？

Hái kěyǐ. Dàxiǎo biàn yě zhèngcháng.
B：还 可以。大小 便 也 正常。

Xīnfèi dōu méi wèntí, jiùshì yìbān de gǎnmào. Wèile shènzhòng qǐjiàn, nǐ zài
A：心肺 都 没 问题，就是 一般 的 感冒。为了 慎重 起见，你 再

qù yàn yíxià xiě.
去 验 一下 血。

Shì ma? Nà wǒ jiù fàngxīn le.
B：是 吗？那 我 就 放心 了。

Zhèi zhǒng yào yìtiān chī sāncì, yícì chī liǎngpiàn. Yào zhùyì xiūxi, bǎozhèng shuìmián.
A：这 种 药 一天 吃 三次，一次 吃 两片。要 注意 休息，保证 睡眠。

Zhīdao le. Xièxie nín.
B：知道 了。谢谢 您。

C

[次の文を中国語に訳し、読みなさい]

A：どうされましたか。

B：頭が痛くて、咳が出ます、熱も少しあります。

A：いつからですか。

B：おとといの夜からです。最初は花粉症だと思って大したことはないと高を括っていたのですが、だんだんひどくなってきました。

A：口を開けて、喉を見せてください。

B：喉は痛くはないのですが、ずっと痰が絡んでいるような感じがあって、でも吐き出せなくて、すごくつらいです。

A：さっき看護師があなたの体温と血圧を測りましたね？

B：測りましたが、どちらも正常でした。

A：服をあげてください、胸の音を聴きましょう。反対を向いて、背中も聴きますね。食欲はどうですか？

B：まあまあです。お通じも普通です。

A：心臓も肺も問題ありません、普通の風邪でしょう。念のため、血液検査もしておきましょう。

B：そうですか、安心しました。

A：この薬は一日３回、一回２錠飲んでください。しっかり休養して、睡眠を十分とってください。

B：わかりました。ありがとうございました。

D

［ピンインを付けて読んでみてください］

A：您哪儿不舒服？

B：头疼，咳嗽，还有点儿发烧。

A：是从什么时候开始的？

B：前天晚上。开始以为是花粉过敏，没当回事儿，可越来越重了。

A：请张开嘴，让我看一下嗓子。

B：嗓子倒不疼，不过总觉得好像有痰，可又咳不出来，挺难受的。

A：刚才护士给你量体温和血压了吧？

B：量了是量了，不过都正常。

A：请掀开衣服，我听一下。请转过身去，再听一下后背。食欲怎么样？

B：还可以。大小便也正常。

A：心肺都没问题，就是一般的感冒。为了慎重起见，你再去验一下血。

B：是吗？那我就放心了。

A：这种药一天吃三次，一次吃两片。要注意休息，保证睡眠。

B：知道了。谢谢您。

練習用補充語句

liúgǎn	liúbítì	tóuyūn	suāntòng	fāyán	yǎng	wèiténg	yāoténg	nàodùzi
流感	流鼻涕	头晕	酸痛	发炎	痒	胃疼	腰疼	闹肚子
インフルエンザ	鼻水が出る	目まい	だるい	炎症を起こす	痒い	胃が痛い	腰が痛い	腹をこわす

lā lìji	chángyán	mángchángyán	bízi bùtōngqì	ěxin	ǒutù	fúzhǒng	cāshāng
拉痢疾	肠炎	盲肠炎	鼻子不通气	恶心	呕吐	浮肿	擦伤
下痢	腸炎	盲腸	鼻づまり	吐き気がする	吐く	むくむ	擦り傷

pèngshāng	chūxiě	tàngshāng	niǔshāng	gǔzhé	huànóng	má	suān	chūzhěn	píyán
碰伤	出血	烫伤	扭伤	骨折	化脓	麻	酸	出疹	皮炎
打撲	出血	やけど	捻挫	骨折	化膿	痺れる	だるい	発疹	皮膚炎

shuìlàozhěn	yáténg	chóngyá	ěrmíng	jiémóyán	chōngxiě	yǎnhuā	jiǎoqì	zhìchuāng
睡落枕	牙疼	虫牙	耳鸣	结膜炎	充血	眼花	脚气	痔疮
寝違い	歯が痛い	虫歯	耳鳴りがする	結膜炎	充血	目がかすむ	水虫	痔

tòushì	zhàoxiàng	chāoshēngbō	jiǎnchá	wèijìng	chángjìng	yànniào
透视	照相	超声波	CT检查	胃镜	肠镜	验尿
レントゲン検査	レントゲンで写真をとる	超音波	CT検査	胃カメラ	腸カメラ	検尿

yànbiàn	bìngdú	xìjūn	gǎnrǎn	shābù	zhùshèqì	tīngzhěnqì	nèikē	wàikē	yákē
验便	病毒	细菌	感染	纱布	注射器	听诊器	内科	外科	牙科
検便	ウイルス	ばい菌	感染	ガーゼ	注射器	聴診器	内科	外科	歯科

ěrbíhóukē	yàojú	piànjì	zhēnjì	ruǎngāo	tángjiāng	rùyuàn	zhùyuàn	chūyuàn	xīyī
耳鼻喉科	药局	片剂	针剂	软膏	糖浆	入院	住院	出院	西医
耳鼻咽喉科	薬局	錠剤	注射薬	軟膏	シロップ薬	入院	入院中	退院	西洋医学

xīyào	zhōngyī	zhōngyào	duōbǎozhòng
西药	中医	中药	多保重
(西洋の)薬	漢方医	漢方薬	お大事に

練　習

応用練習

1．中国語で風邪で診察を受ける際の会話を作りなさい。

2．中国語で風邪薬の飲み方を説明しなさい。

3．次の会話を完成しなさい。

(1) a：发不发烧？咳嗽吗？

b：＿＿＿＿＿＿＿＿。

(2) a：＿＿＿＿＿＿＿＿＿＿？

b：胃有点儿疼，不想吃东西。

(3) a：＿＿＿＿＿＿＿＿？

b：37度5。血压不高。

(4) a：大夫（dài fu 先生），我是什么病？不要紧吧？

b：＿＿＿＿＿＿＿＿＿＿。

第15课　看病（病院で）

4．（　　）に適当な語を入れ、文を読んで、日本語に訳しなさい。

(1)（　　　）从什么时候开始发烧（　　　）？

(2) 血压（　　　）不高，就是有点儿头晕（tóuyūn）。（头晕：めまいがする）

(3) 请（　　　）身去，让我听一下后背。

(4) 梅雨以后，天气（　　　）热了。

5．間違いを訂正しなさい。

(1) 我可能感冒了，有点儿发热。

(2) 请张开口，让我看一下嗓子。

(3) 食欲有没有？消化怎么样？

(4) 这种药一次喝两片。

検定用練習

1．(1)(2)の中国語の正しいピンイン表記を、①～④の中から１つ選びなさい。

【中国語検定試験準４級レベル問題】

(1) 感冒　①kǎnbào　②gǎnmào　③kǎnmào　④gǎnbào

(2) 难受　①nànjiù　②nánjiù　③nánshòu　④nànshòu

2．(1)(2)の日本語の意味になるように空欄を埋めるとき、最も適当なものを、①～④の中から１つ選びなさい。

【中国語検定試験準４級レベル問題】

(1) 頭が痛くて、咳が出ます、熱も少しあります。

头疼，咳嗽，还（　　　）发烧。

①有点儿　②一点儿　③一些　④一下

(2) さきほど看護師があなたの体温と血圧を測りましたね。

刚才护士（　　　）你量体温和血压了吧？

①对　②把　③给　④让

3．次の日本語の下線部を中国語に訳し、漢字（簡体字）で書きなさい。

【中国語検定試験準４級レベル問題】

(1) <u>頭が痛い</u>。

(2) <u>授業が始まる</u>。

(3) <u>血圧</u>を測る。

(4) <u>薬を飲む</u>。

4．下の日本語の意味になるようにそれぞれ①～④を並べ替えたときに、[　　] 内に入るものを選びなさい。
【中国語検定試験４級レベル問題】

(1) いつ日本に来られたのですか。

您是 ________ ________ ________ [　　]?

①的　②日本　③来　④什么时候

(2) 念のため、もう一度電話します。

为了把握起见，________ [　　] ________ ________ 。

①我　②再　③打一次　④电话

5．次の日本語の意味に合う中国語を、①～④の中から1 つ選びなさい。
【中国語検定試験４級レベル問題】

(1) 安いことは安いですが、しかしおいしくない。

①便宜可是便宜，是不好吃。

②便宜是便宜，可是不好吃。

③不好吃是便宜，可是便宜。

④便宜可是不好吃，是便宜。

(2) 呉さんと思って、何と王さんだった。

①我是小吴以为，原来(yuánlái)是小王。

②我以为是小王，原来是小吴。

③我以为是小吴，原来是小王。

④我小王以为是，原来是小吴。

復習確認のページ

下記の表を完成しなさい

（空白に適当な語、語句を埋めなさい。中国語の場合はピンインも付けること。）

<table>
<tr><td rowspan="3">単語</td><td rowspan="3">病院関係</td><td>日</td><td>具合が悪い</td><td>熱が出る</td><td>咳が出る</td><td>アレルギー</td><td></td><td></td><td></td></tr>
<tr><td rowspan="2">中</td><td></td><td></td><td></td><td></td><td></td><td></td><td></td></tr>
<tr><td></td><td></td><td></td><td></td><td>感冒</td><td>嗓子疼</td><td>难受</td></tr>
<tr><td rowspan="3">文型</td><td rowspan="3">認定・判断・逆接</td><td>日</td><td colspan="2">いつからですか。</td><td colspan="2"></td><td colspan="3">薬を飲んだが、しかし～</td></tr>
<tr><td rowspan="2">中</td><td colspan="2"></td><td colspan="2"></td><td colspan="3"></td></tr>
<tr><td colspan="2"></td><td colspan="2">我以为没问题，可是～。</td><td colspan="3"></td></tr>
<tr><td rowspan="3" colspan="2">用法</td><td>日</td><td colspan="2">口を開けて、喉を見せてください。</td><td colspan="2"></td><td colspan="3">しっかり休養して、睡眠を十分とる。</td></tr>
<tr><td rowspan="2">中</td><td colspan="2"></td><td colspan="2"></td><td colspan="3"></td></tr>
<tr><td colspan="2"></td><td colspan="2">好像有痰，可又咳不出来</td><td colspan="3"></td></tr>
</table>

索　引

※数字は課＋ページ数を示す。

D

H

J

K

N

O

P

Q

R

S

T

W

X

Y

松山大学教科書　第19号

資格取得に役立つ中国語

— 基礎から実用会話まで —

著　者

松山大学　王　占華

2021.3.31　初版1刷発行

発行者　井　田　洋　二

〒101-0062　東京都千代田区神田駿河台3の7
電話　東京03（3291）1676　FAX 03（3291）1675
発行所　振替　00190-3-56669番
E-mail：edit@e-surugadai.com
URL：http://www.e-surugadai.com

株式会社　駿河台出版社

㈱フォレスト

ISBN978-4-411-03137-2　C1087　¥2600E

中国語音節全表

韻母 声母	1																	
	a	**o**	**e**	**-i**	**er**	**ai**	**ei**	**ao**	**ou**	**an**	**en**	**ang**	**eng**	**ong**	**i**	**ia**	**iao**	**ie**
b	ba	bo				bai	bei	bao		ban	ben	bang	beng		bi		biao	bie
p	pa	po				pai	pei	pao	pou	pan	pen	pang	peng		pi		piao	pie
m	ma	mo	me			mai	mei	mao	mou	man	men	mang	meng		mi		miao	mie
f	fa	fo					fei		fou	fan	fen	fang	feng					
d	da		de			dai	dei	dao	dou	dan		dang	deng	dong	di		diao	die
t	ta		te			tai		tao	tou	tan		tang	teng	tong	ti		tiao	tie
n	na		ne			nai	nei	nao	nou	nan	nen	nang	neng	nong	ni		niao	nie
l	la		le			lai	lei	lao	lou	lan		lang	leng	long	li	lia	liao	lie
g	ga		ge			gai	gei	gao	gou	gan	gen	gang	geng	gong				
k	ka		ke			kai	kei	kao	kou	kan	ken	kang	keng	kong				
h	ha		he			hai	hei	hao	hou	han	hen	hang	heng	hong				
j															ji	jia	jiao	jie
q															qi	qia	qiao	qie
x															xi	xia	xiao	xie
zh	zha		zhe	zhi		zhai	zhei	zhao	zhou	zhan	zhen	zhang	zheng	zhong				
ch	cha		che	chi		chai		chao	chou	chan	chen	chang	cheng	chong				
sh	sha		she	shi		shai	shei	shao	shou	shan	shen	shang	sheng					
r			re	ri				rao	rou	ran	ren	rang	reng	rong				
z	za		ze	zi		zai	zei	zao	zou	zan	zen	zang	zeng	zong				
c	ca		ce	ci		cai		cao	cou	can	cen	cang	ceng	cong				
s	sa		se	si		sai		sao	sou	san	sen	sang	seng	song				
	a	o	e		er	ai	ei	ao	ou	an	en	ang	eng		yi	ya	yao	ye